LE COMTE

DE

VERMANDOIS

HISTOIRE DU TEMPS DE LOUIS XIV

— 1683 —

PAR

PAUL LACROIX

(BIBLIOPHILE JACOB)

5

PARIS

ALEXANDRE CADOT, ÉDITEUR

37, rue Serpente.

—

1856

LE COMTE DE VERMANDOIS

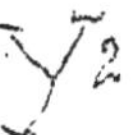

Ouvrages de Léon Gozlan.

Pérégrine.	4 vol.
Aventures du prince de Galles.	5 vol.
Georges III.	3 vol.
La marquise de Belverano.	2 vol.
La comtesse de Bruines	3 vol.

Ouvrages de la comtesse d'Ash.

La comtesse le Bossut	3 vol.
La belle Aurore	6 vol.
Le dernier chapitre	4 vol.
Le Neuf de Pique	6 vol.
La princesse Palatine.	6 vol.
La Marquise Sanglante	3 vol.
La Bien-Aimée du Sacré-Cœur	7 vol.
Les Amours de Bussy-Rabutin	3 vol.

Ouvrages du vicomte Ponson du Terrail.

Les Coulisses du Monde	8 vol
La Baronne Trépassée	3 vol.

Ouvrages d'Élie Berthet.

Le Spectre de Châtillon	5 vol.
Les Mystères de la Famille.	3 vol.
Le Cadet de Normandie	2 vol.
La Ferme de la Borderie	2 vol.
La Bastide Rouge	2 vol.

Fontainebleau, imprimerie de E. Jacquin.

LE COMTE

DE

VERMANDOIS

HISTOIRE DU TEMPS DE LOUIS XIV

— 1683 —

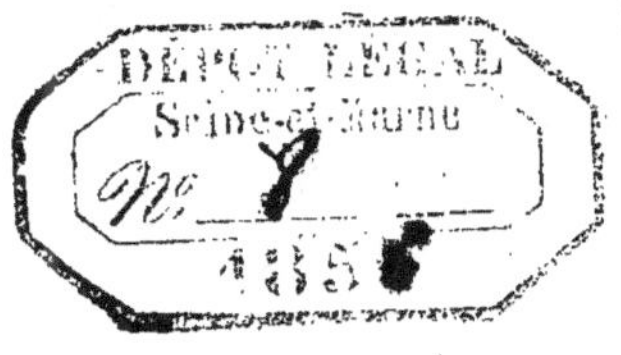

PAR

PAUL LACROIX

(BIBLIOPHILE JACOB)

5

PARIS

ALEXANDRE CADOT, ÉDITEUR

37, rue Serpente.

—

1856

VIII

Le souper (suite).

Le chevalier de Lorraine rentra dans la salle du souper : les personnes qui s'y trouvaient n'avaient pas perdu un mot de sa conférence, avec l'huissier à verge.

La Raisin était toute déconcertée par la

seule annonce de cette lettre de cachet qu'on allait mettre à exécution contre elle.

Ils tinrent conseil à voix basse, tandis que l'officier de justice attendait à la porte, en se consultant, à part lui, sur la conduite qu'il avait à tenir.

— Est-ce toi, Manicamp, qui rempliras le rôle du comte de Vermandois? dit le chevalier de Lorraine.

— Qu'y a-t-il à faire? demanda le fameux Manicamp; faut-il boire encore?

— Non, brave Templier. A chaque question que je t'adresserai, tu répondras seu-

lement : Tuez-le! ou bien : Assommez-le!
ou bien : Pendez-le! ou bien : Chassez-le!
ou quelque autre gentillesse du même
goût.

— Ne vaudrait-il pas mieux que je sor-
tisse d'ici sans être vue? dit Fanchon,
préoccupée.

— A moins de chevaucher sur un balai,
comme les sorcières, et de sortir par la
cheminée!

— Le Dauphin ne me pardonnera jamais
du faire du scandale dans un château du
roi!

— Il n'y aura pas de scandale, la belle,
si vous ne bougez pas et me laissez faire.

Il sortit et referma doucement la porte
qui donnait accès dans la chambre de la
danse ; puis, il alla rouvrir la première
porte, devant laquelle se morfondait
l'huissier.

Celui-ci espéra, en voyant reparaître le
chevalier, qu'on faisait droit à la somma-
tion du lieutenant-général de police, M. de
La Reynie, et que la demoiselle Fanchon
serait incarcérée, le jour même, au For-
l'Évêque.

Il tendait déjà la main, le sourire aux
lèvres, pour reprendre le mandat que le
chevalier de Lorraine avait fait disparaître
dans une de ses poches.

— Monsieur l'huissier à verge, parlons

bas, de peur qu'on ne nous entende, dit le chevalier. M. le comte de Vermandois m'a donné ordre de vous tuer d'un coup d'épée ou de vous assommer, à votre choix.

— Me tuer, mon bon monsieur! reprit l'agent du Châtelet, en reculant de deux pas.

— Oui, mon ami, vous tuer ou vous chasser sur-le-champ! Je vous prie donc de déguerpir de bonne grâce et de ne me pas contraindre à cette dure nécessité d'obéir à Son Altesse.

— Je m'en irai volontiers, dès qu'on aura fait remise entre mes mains de la demoiselle Fanchon Pitel, dite Longchamps.

— Dite Raisin? Je n'ai rien omis de ses noms et qualités, en m'adressant à M. le comte de Vermandois, qui se porte fort pour ladite demoiselle, et la prend sous sa sauvegarde.

— Veuillez me rendre mon instrument, dit l'huissier qui s'apprêtait à verbaliser sur son genou. Il faut que je consigne sur icelui la réponse de Son Altesse et le refus de livrer la demoiselle...

— Fanchon Pitel, *et cætera*. Vous n'oublierez pas de consigner aussi que M. le comte de Vermandois m'a ordonné... Par la mordieu! vous l'entendrez de sa propre bouche! s'écria-t-il, entre-bâillant la porte de la pièce voisine. Monseigneur, que vous plaît-il qu'on fasse de cet huissier à verge?

— Tuez-le! cria le fameux Manicamp, en déployant toutes les richesses chromatiques de sa voix de stentor, assommez-le! pendez-le! écorchez-le!

— Son Altesse a dit, je crois : Écorchez-le! répliqua l'huissier, qui dressait procès-verbal. Son Altesse ne sait pas ce qu'il en coûte pour tuer un huissier à verge!

— Pardieu! vous êtes un aimable et joyeux compère, monsieur l'huissier à verge! dit le chevalier, dont l'esprit venait d'être traversé par une idée infernale. Je vous veux faire gagner les frais et dépenses de votre voyage de Fontainebleau.

— Mon bon monsieur, répondit l'huissier, qui déjà se disposait à empocher une bonne somme, il nous est défendu de prendre...

— Il y a près d'ici, en bas, quelque part, deux scélérats de protestants qui chantent des psaumes.

Dans un château de Sa Majesté ! s'écria l'huissier, surpris de tant de hardiesse. Voilà des huguenots incorrigibles! Mais, objecta-t-il, frappé d'une inspiration subite, on instrumente aussi contre les protestants?

— Je le pense bien, et je vous excite à

leur courir sus, pour leur apprendre à chanter la messe!

— J'ai justement là, dans mon sac, divers arrêts exécutoires contre certains protestants du Dauphiné...

— Ce sont certainement les gens que vous cherchez! Hâtez-vous donc de faire votre devoir.

— Il y a d'abord un certain comte de Chantemerle ; puis, un ministre de la religion prétendue réformée, lequel se nomme Jérémie Corneille...

— Corneille? il est connu par ses comédies, mais je ne le soupçonnais pas d'être huguenot.

— Dans l'exploit, on ne dit pas qu'il ait fait des comédies; on dit seulement qu'il est condamné à mort.

— M. Corneille est condamné à mort? J'en suis vraiment fâché, à cause de ses comédies !

— Indiquez-moi, je vous prie, mon bon monsieur, en quel endroit du château sont cachés ces protestants.

— Pas bien loin de vous, monsieur l'huissier à verge ! Descendez cet escalier,

suivez la galerie du premier ou du second
étage, heurtez à la seconde ou à la troisième ou à la quatrième porte, et deman-
dez votre gibier de potence. Bonsoir,
monsieur ! il fait grand jour, et nous avons
tous besoin de dormir la grasse matinée.

Le sergent continua de verbaliser, quand
le chevalier de Lorraine eut refermé la
porte et rejoint sa compagnie qui dormait
à moitié.

La Raisin, que l'inquiétude tenait éveil-
lée, reçut assez mal le chevalier, au lieu
de lui savoir gré de son active et habile in-
tervention.

— Ne pouviez-vous pas, lui dit-elle avec

humeur, pousser par les épaules ce mau-
dit estafier de police, et le jeter du haut en
bas des degrés, plutôt que de faire le bel
esprit avec lui?

— Oh! que vous êtes bien femme, ma
mie, comme les autres! reprit-il dédaigneu-
sement; on vous vient en aide; on se sa-
crifie pour vous; on mène les choses à
bonne fin, et l'on ne vous satisfait pas!

— C'est encore cet endiablé comte de
Vermandois! dit-elle en soupirant; c'est
lui qui a obtenu contre moi une lettre de
cachet...

— Pour faire pièce à monseigneur le

Dauphin. Il en est bien capable, par la mordieu !

— Je serais mieux en sûreté partout ailleurs, jusqu'à ce que M. le Dauphin soit arrivé!... Mon cher chevalier, ajouta-t-elle en pleurant, j'ai une peur extrême de la prison, et il me semble que j'en mourrais!...

— Tenez, dit-il en déchirant la lettre de cachet qu'il avait gardée, êtes-vous plus tranquille à présent?

— Je serais plus tranquille, répondit-elle, s'il ne restait pas trace de ce souper, si mes convives étaient tous hors de mon

appartement; si ce maraud d'huissier à
verge ne montait plus la garde à ma porte,
si le Dauphin arrivait de Versailles...

— Et si je vous amenais le comte de
Vermandois en esclave à vos pieds!

— Fi donc!... Le Dauphin est si timide,
si poltron, qu'il n'osera m'empêcher d'aller
au For-l'Évêque.

— Le comte de Vermandois serait peut-
être plus résolu... Que n'allez-vous à lui?

— Mauvais homme que vous êtes!... Si
l'on me mène en prison, je me laisse mourir de faim!... Il faut que vous partiez tout

de suite, pour avertir le Dauphin et le for-
cer de venir avec vous !

— Je partirai, puisque vous le voulez
ainsi ; mais je suis sûr de rencontrer monseigneur en route. Ça, pendant mon absence, que ferez-vous, si l'on vient vous
arrêter ?

— Je n'ouvrirai pas la porte et ne son-
nerai mot, comme si j'étais morte. Je dor-
mirai, d'ailleurs.

— On ne viendra pas, sans doute ; mais
les gens de justice ne reculent pas devant
les portes fermées.

— Eh bien ! n'ai-je pas mon talisman ?

dit-elle d'un air mutin, en tirant de son corset un portrait du Dauphin, peint sur émail par Petitot, et entouré d'un médaillon d'or aux chiffres du prince.

— Je gage, s'écria le chevalier riant à gorge déployée, je gage que vous portiez sur vous cette peinture durant la cérémonie de votre mariage avec le Raisin.

— Je ne le nie pas; et même j'ai fait voir à Raisin cet émail, en lui disant : « Monsieur, voici notre bienfaiteur! » Ce à quoi il a répondu, le digne homme : « Conserve-nous-le longtemps, ma femme! »

— Vous avez là, Fanchon, un vrai ta-

lisman! répondit gaîment le chevalier. Il
vous promet fortune et pouvoir; mais
je souhaite qu'il vous tienne parole lorsque M. le Dauphin sera roi de France!

IX

Sous les fourches Caudines.

Le jour était levé, et le soleil, qui dorait déjà les grands combles d'ardoise du château, promettait une belle journée d'automne, pour le dernier dimanche du mois d'octobre.

On entendait au loin la cloche de l'é-
glise d'Avon, sonnant l'Angelus, et répon-
dant à la sonnerie matinale de la paroisse
de Fontainebleau.

L'huissier à verge venait à peine de ter-
miner son procès-verbal au sujet de la
tentative inutile qu'il avait faite pour l'arrestation de la demoislle Fanchon.

Il n'avait pas manqué de consigner dans
ce procès-verbal toutes les circonstances
de sa démarche, sans négliger d'y faire
comparaître en personne le comte de Vermandois, avec la terrible réponse qu'on
avait mise sur le compte de ce prince absent: « Tuez-le ! pendez-le ! assommez-le !
écorchez-le ! »

Cette réponse menaçante, qu'il pouvait déclarer avoir entendue de ses propres oreilles, lui restait si bien dans l'esprit, qu'il la répétait à voix basse, en se parlant à lui-même, comme pour en peser la gravité.

Il ne se consolait pas néanmoins de la perte de son exploit contre la Fanchon, et il songeait aux moyens de le recouvrer.

Ce courageux et infatigable officier de justice n'avait pas oublié aussi l'avis officiel, qu'il croyait tenir de la bouche du comte de Vermandois, et qui concernait deux protestants décrétés de prise de corps.

Mais comment découvrir la retraite de ces protestants? Comment y pénétrer pour se saisir d'eux, au nom du roi?

Il chercha parmi les papiers que renfermait son sac de procédure, et il y trouva des mandats d'amener délivrés par le lieutenant-général de police contre le comte de Chantemerle et le pasteur Jérémie Cornouaille, l'un et l'autre condamnés à mort par contumace en Dauphiné.

La vue de ces ordonnances exécutoires aviva son zèle et son impatience. Il se mit à fureter, à flairer, à épier dans les galeries et les corridors, écoutant aux portes, appliquant l'œil au trou des serrures, observant, attendant.

Il avait fait plusieurs fois ce manége aux alentours de l'appartement de l'abbé Cornouaille, et il s'était assuré que cet appartement devait être occupé par plusieurs personnes qui ne dormaient point et parlaient entre elles, lorsque son attention fut détournée par le bruit de pas qui se dirigeaient de ce côté.

C'était un ecclésiastique, courbé par l'âge, et marchant pesamment sous la conduite de deux valets de pied.

L'huissier à verge n'eut que le temps de se bottir dans un passage noir, pour n'être point aperçu. De là il entendait, à travers une cloison, ce qui se disait chez l'abbé Cornouaille.

Les deux valets de pied s'arrêtèrent devant la porte et frappèrent.

On tarda quelques instants à leur ouvrir; on se consultait dans l'appartement.

— Mon Dieu! mon Dieu! disait l'abbé Cornouaille, c'est trop souffrir que de craindre sans cesse!

— Ouvrez, mon frère! reprenait le vieux pasteur Jérémie; ouvrez, puisque c'est nous qu'on cherche!.

— J'aime mieux la mort, s'écriait le comte de Chantemerle, que de demeurer davantage chez les païens!

— Au nom du ciel, faites silence ! disait l'abbé. Mon frère, monsieur le comte, c'est tenter Dieu que de vous précipiter vous-mêmes dans l'abîme ! Souvenez-vous que j'ai charge d'âmes !

Ce fut lui qui alla ouvrir, et il se trouva en présence de l'abbé Testelin, doyen des aumôniers du roi.

— Monsieur le vicaire de Saint-Eusta-che, lui dit le vieillard, Sa Majesté vous mande à Versailles pour prêcher devant elle aujourd'hui.

— Aujourd'hui ! s'écria l'abbé Cor-nouaille troublé, ému, chagrin, déses-péré d'un pareil honneur.

— Aujourd'hui même, au Salut. Sa Majesté avait témoigné souvent le désir de vous entendre, à cause des éloges qu'on lui a faits de votre beau talent pour la chaire.

— Mais, monsieur l'aumônier, je ne suis nullement préparé, et je n'oserais parler devant le roi...

— Il le faudra bien poutant, et le Saint-Esprit vous viendra en aide. Vous pourrez, d'ailleurs, composer votre sermon pendant la route... Çà, je vous prie de ne pas perdre un moment, et de monter en carrosse avec moi tout à l'heure.

— Tout à l'heure!... Je suis confus de

l'honneur que me fait le roi, mais j'en suis indigne et...

— Hâtez-vous, monsieur, car nous avons six heures de chemin avant que d'être arrivé... Sur quel sujet nous prêcherez-vous ?

— Quoi ! vous pensez que le roi n'acceptera pas mes excuses ?...

— La volonté du roi, monsieur, doit être votre règle absolue. On supposait que vous accompagneriez à Versailles M. le comte de Vermandois, et Sa Majesté a été fort surprise, fort mécontente que vous ne soyez point venu. Voilà pourquoi j'ai voyagé cette nuit, afin de vous saisir au lit, et de vous emmener de gré ou de force, sans désemparer. Allons, monsieur le vicaire, ne résistez plus et partons!

— Oui, monsieur! dit l'abbé Cornouaille, faisant un effort qui lui arracha un soupir. Je m'en vais vous suivre tout à l'instant. Permettez seulement que je prenne quelques notes...

— Faites, s'il vous plaît; mais j'ai peur que le roi se fâche contre vous, si vous ne paraissez pas en chaire à trois heures précises... Çà, choisissons-nous un beau sujet de sermon, qui puisse agréer à Sa Majesté.

L'aumônier du roi consentit à se retirer, en faisant promettre à l'abbé Cornouaille de ne pas tarder à le joindre, pour partir ensemble.

Quand l'abbé ferma la porte de son appartement, ses yeux étaient pleins de larmes.

Le comte de Chantemerle et le pasteur Jérémie avaient tout entendu ; ils se parlaient bas, ils paraissaient affligés et embarrassés.

— Écoutez, Jérémie! dit l'abbé Cornouaille à son frère, avec un accent triste et doux ; mon sort est entre vos mains!

Le roi me fait mander pour prêcher en sa présence; je suis donc forcé de m'absenter aujourd'hui.

— Prêcher devant le roi! murmura le ministre protestant avec une grimace et un geste dédaigneux.

Les deux protestants se regardèrent d'intelligence.

— Prêcher devant le roi! répéta tristement le comte de Chantemerle.

— Ah! mon frère, reprit Jérémie Cornouaille, si vous saviez encore prêcher le saint Évangile!...

— Permettez, monsieur, que nous cessions de nuire à vos intérêts, interrompit le comte de Chàntemerle. Si l'on savait que vous nous avez donné asile dans un des châteaux du roi, vous seriez fort compromis...

— Monsieur le comte, reprit simplement l'abbé, la religion de Jésus-Crhist nous ordonne de faire d'abord notre devoir, suivant le jugement de notre conscience, sans nous soucier de ce qui doit en advenir.

— Mon frère, repartit Jérémie avec amertume, vous êtes confesseur d'un prince du sang : vous voilà bientôt pré-

dicateur ordinaire du roi..... Il n'y a plus
de rapprochement possible entre nous,
qui avons vécu et qui voulons mourir dans
le sein de la religion réformée.

— Revenez à des sentiments de charité
et de justice, mon frère. Ce n'est pas moi
qui porterai atteinte à votre foi religieuse ;
ce n'est pas moi qui travaillerai jamais à
votre conversion! Dieu me garde d'oser
rien entreprendre contre la croyance que
vous tenez de vos pères!

— Et que vous teniez d'eux également,
mon frère, avant votre fatale abjura-
tion...

— Mon frère, mon frère, laissons cela

entre les mains de Dieu, et cherchons l'un
et l'autre, en suivant deux voies différentes, sinon opposées, à nous rejoindre
au but unique, qui est l'Éternité bienheu-
reuse.... Je me suis promis de vous servir
de protecteur et de sauvegarde; j'ai promis à ce jeune prince, qui s'intéresse tant
à ce qui vous touche, de vous conserver
tous deux sains et saufs, comme un dépôt
précieux...

— N'avez-vous pas déjà, dit le comte de
Chantemerle, dépassé les bornes du sacri-
fice et du dévoûment ?

— N'est-ce pas pécher envers le Seigneur, ajouta Jérémie, que de se mettre à
l'abri dans la maison de Satan ?

— Monsieur le comte, dit l'abbé Cornouaille avec fermeté, iriez-vous de gaîté de cœur vous jeter dans un brasier, si votre fille était là près de vous ?

— Ma fille, répondit le comte, subjugué par cet argument. Si je savais, du moins, qu'elle n'est point exposée aux attaques des loups dévorants !

— Elle est en lieu de sûreté, et vous la reverrez bientôt, dès que vous serez, vous-même hors de péril !...

— Nous voulons retourner en Dauphiné, mon frère, s'écria Jérémie ; nous voulons revoir les martyrs du Christ ;

nous voulons partager leurs tortures et
leurs expiations! Nous voulons confesser
l'Évangile en face des bourreaux!

— Eh bien! dit l'abbé Cornouaille avec
calme et tristesse, venez donc avec moi
qui suis votre complice, vous livrer volon-
tairement à la justice des hommes!

En prononçant ces mots, il fit un pas
en avant, comme pour sortir; le comte
de Chantemerle le retint avec émotion;
le vieux Jérémie baissa la tête et ne bou-
gea pas.

— Monsieur, je vous remercie de tant
de vertu chrétienne, dit le comte en pres-

sant les mains de l'abbé ; ce serait vous
payer d'une bien noire ingratitude, que
de vous causer des embarras et de vous
être un obstacle...

— Assurez-moi donc, interrompit brusquement le vicaire de Saint-Eustache, assurez-moi que vous retiendrez mon frère
ici jusqu'à mon retour, et que vous ne sor-
tirez pas de cet appartement en mon absence ?

— Je vous donne ma parole de gentilhomme, tant en mon nom qu'au nom de
de Jérémie !

— Je vous assure, en revanche, que je

ferai tout au monde pour avoir votre grâce, et M. le comte de Vermandois m'y secondera de toutes ses forces.

— Que le seigneur le récompense de cette bonne et généreuse action!

— Adieu, mon frère! dit l'abbé, qui tendait la main au pasteur protestant. Embrassez-moi plutôt, Jérémie! ajouta-t-il, en lui ouvrant les bras : Dieu, qui nous a fait frères, ne veut point que nous soyons divisés ici-bas.

— C'est vous, mon frère, reprit sèchement Jérémie, c'est vous seul qui en êtes cause, puisque vous avez accompli

le coupable dessein de vous faire catholique!...

— Moi, mon frère, je ne vous blâme
ni ne vous reproche d'être resté protestant!

Un valet de pied revenait, de la part de
l'aumônier du roi, prier l'abbé Cornouaille
de ne pas se faire attendre davantage.

L'abbé ne le laissa point approcher ; il
ferma la porte derrière lui et suivit le valet, après avoir fait un signe de croix, accompagné d'une oraison mentale.

L'huissier à verge ne demeura pas longtemps dans sa cachette. Il avait hâte de se saisir de la double proie que la fortune venait de lui offrir.

Au bout d'un quart d'heure, quand il pensa que l'abbé Cornouaille devait être parti avec l'aumônier du roi, il vint à pas de loup se poster devant le seuil de l'appartement où étaient enfermés les deux huguenots; il écouta, il s'approcha, il frappa enfin.

On ne répondit pas.

Il frappa de nouveau et plus fort, en sommant au nom du roi d'ouvrir cette porte, qui obéit presque aussitôt.

Le comte de Chantemerle, malgré l'engagement qu'il venait de prendre vis-à-vis de l'abbé Cornouaille, n'avait pas cru devoir résister ouvertement à une injonction que le nom du roi rendait respectable et toute puissante à ses yeux.

— Qui frappe au nom du roi? demanda-t-il d'un air fier et résigné.

— C'est votre humble serviteur, reprit le sergent avec obséquiosité ; moi, Jean Harpaille, huissier à verge près le Châtelet de Paris, chargé de l'exécution de deux ordonnances de prises de corps contre très haut et très puissant seigneur, Philippe, comte de Chantemerle, sire de

Saou, de Bourdeaux, Neuré, de la Fres-
naye, et autres lieux en Dauphiné...

— Il suffit, monsieur, interrompit le
comte de Chantemerle : exécutez votre
ordonnance.

— Et pareillement contre le nommé
Jérémie Corneille...

— Cornouaille ? reprit le vieillard, qui
se présenta de lui-même : ministre de la
religion réformée...

— Prétendue réformée, dit l'huissier,
qui lisait l'exploit : tous deux condamnés...

— Il suffit, vous dis-je, répliqua le comte. Faites de nous ce que vous jugerez à propos.

— Vous plaît-il, messieurs, de me suivre, sans faire résitance ni empêchement à mon mandat?

— Nous vous suivrons où il vous plaira de nous conduire, monsieur. J'invoquerai seulement au besoin votre témoignage, pour qu'il soit déclaré que nous ne sommes sortis d'ici que contraints et forcés.

— C'est bien ainsi qu'il le faut entendre. Quant à moi, je rendrai à qui de droit bon rapport de votre obéissance au commandement de par le roi.

L'officier du Châtelet, se fiant à la parole
d'un gentilhomme, et voyant bien, à la
contenance de ses deux prisonniers, qu'ils
n'avaient pas l'idée de s'enfuir, les invita
poliment à marcher derrière lui et ouvrit
la marche, sa baguette d'ébène à la main,
la tête haute et l'air triomphant.

Le comte de Chantemerle et Jérémie
Cornouaille, se tenant par le bras, le chapeau rabattu sur les yeux, suivaient pas à
pas le sergent, en récitant à voix basse la
version française du *Nouveau Testament* à
l'usage des Églises réformées.

Leur physionomie étrange, leur costume
bizarre, leur démarche grave et austère,

leur recueillement religieux, attiraient, sur leur passage, la curiosité de tous les habitants du château; mais personne ne les connaissait, personne ne pouvait dire ni deviner ce qu'ils étaient. Seulement, la livrée de l'homme du Châtelet, ne laissant pas de doute sur la nature de sa charge, on en concluait que les deux hommes qu'il emmenait ainsi, quoique sans liens et sans escorte, venaient d'être arrêtés dans l'intérieur du château.

Quant au vieux comte et au pasteur protestant, ils ne se préoccupaient pas de savoir où on les conduisait.

L'huissier à verge retrouva, dans un ca-

baret de Fontainebleau, plusieurs exempts
de police, dont il s'était, la veille, assuré
l'assistance, et qui avaient suivi à cheval,
depuis Paris, le carrosse du chevalier de
Lorraine.

Il leur annonça qu'il s'était emparé de
deux prisonniers considérables, au lieu de
mettre à exécution la lettre de cachet lancée contre la demoiselle Fanchon, et que
cette arrestation leur vaudrait sans doute
une bonne récompense.

Mais il fallait mener ces prisonniers
promptement et sûrement aux prisons du
Châtelet, et il n'était pas prudent de leur
faire faire la route par étapes, soit à pied,

soit à cheval, car leurs amis et leurs par-
tisans pourraient tenter quelque entreprise
pour les délivrer de vive force.

L'auteur de cette importante capture
était impatient de s'éloigner du château,
dans lequel le comte de Chantemerle et
Jérémie Cornouaille avaient trouvé un re-
fuge presque inaccessible. Il ne se dissimu-
lait pas, d'ailleurs, qu'il avait outrepassé
ses pouvoirs, en exerçant sa charge, non-
seulement dans l'enceinte d'une demeure
royale, mais encore hors de la juridiction
du Châtelet.

Quelqu'un de la bande ouvrit alors un
avis qui fut aussitôt approuvé; il s'agissait

de traverser la forêt, de descendre jusqu'au port de Valvins, de louer un bateau couvert, d'y faire monter les prisonniers et de suivre le cours de la rivière jusqu'à Paris.

On pouvait craindre que ce plan ne rencontrât des obstacles de la part du gouverneur du château et des autres officiers qui représentaient l'autorité royale à divers titres.

Mais le gouverneur n'était pas encore revenu à son poste, et l'on n'osa point, en son absence, contrôler les actes d'un huissier à verge, qui semblait envoyé exprès pour procéder à l'arrestation des deux inconnus qu'il avait découverts dans le lieu où ils étaient cachés à l'insu de tout le monde.

Cependant cette arrestation avait causé
au château une certaine rumeur, qui aurait pu suspendre ou contrarier le départ
de l'escouade de police, si l'arrivée imprévue du Dauphin n'y eût fait diversion,
pendant que l'huissier et ses compagnons
emmenaient leurs prisonniers à travers la
forêt.

Le Dauphin n'avait pas été rencontré en
chemin par le chevalier de Lorraine, qui
était allé au-devant de lui pour obéir au
désir de la Raisin, car il ne venait pas de
Versailles, qu'il avait quitté dès la veille
au soir, peu d'instants après y être retourné, en apprenant que le comte de
Vermandois, mandé par le roi, arriverait,
d'un moment à l'autre, de Fontainebleau.

Le courrier, dépêché de Paris pour lui faire connaître ce qui s'était passé à la Comédie, c'est-à-dire le charivari donné à Fanchon par les mousquetaires, et la fuite de cette comédienne, sous la sauvegarde du chevalier de Lorraine, avait dû se rendre de Versailles au château de Meudon, pour rejoindre le Dauphin, qui s'y était retiré presque sans suite, afin de couver sa mauvaise humeur et sa jalousie haineuse contre le fils de madame de La Vallière.

Le Dauphin se trouvait alors dans la disposition d'esprit la plus chagrine et la plus irritée.

Il avait vu avec dépit que Louis XIV se

relâchait de ses préventions défavorables à l'égard du comte de Vermandois; il s'était inutilement jeté à la traverse pour empêcher la réconciliation du père avec le fils; mais il n'avait pas réussi, à son grand déplaisir, dans ses menées souterraines qui avaient pour but d'éterniser la disgrâce de son frère.

Il s'indignait surtout de penser que ce jeune homme, qui avait été si longtemps mis à l'écart, retenu dans l'obscurité, allait tout à coup paraître à la tête des armées du roi et s'y distinguer, sans doute, par des actions d'éclat.

C'était là, pour le Dauphin, qui n'avait

pas le génie ni le courage militaires, une source amère d'inquiétudes, de regrets, de crainte et de honte.

Le message du chevalier de Lorraine était venu faire diversion à ce sujet de contrariété ; mais, selon son caractère, le Dauphin n'en devait pas moins rattacher sa colère et sa bouderie au nouveau prétexte qui s'offrait à lui, pour leur donner une raison d'être et de se produire par des emportements et des bourrasques incroyables. La cause avait changé, l'effet restait le même.

Il demanda en arrivant où était le chevalier de Lorraine : on ne le savait pas ; on ne put lui répondre.

Il s'enferma dans son cabinet et il attendit avec une impatience qui s'accroissait à chaque quart d'heure.

Il avait hâte de voir la Raisin et d'apprendre d'elle-même les événements de la veille ; mais il ne voulait pas la faire venir dans son appartement, et il n'osait l'aller trouver dans le sien, surtout en plein jour, lorsque le chevalier de Lorraine n'était pas là pour l'accompagner.

Il demanda à plusieurs reprises si le chevalier n'avait pas reparu, et sur la réponse négative qu'on lui faisait, il rongeait son frein, soupirait et s'indignait tout bas.

Pour passer le temps, il se fit servir à

manger et il mangea très copieusement.

Ensuite il regarda par la fenêtre, dans les parterres, en s'amusant à compter les statues, les vases, les arbustes.

Puis, il se mit à table et mangea autant que la première fois.

Les heures s'écoulaient, mais le chevalier de Lorraine ne revenait pas.

Le Dauphin, qui ne savait aucune manière d'occuper son désœuvrement, s'attristait, s'impatientait, s'ennuyait de plus en plus : il imagina enfin de tirer de sa poche une bourse pleine d'or et de distri-

buer les louis sur la table, en cherchant
des combinaisons mathématiques.

Quand il fut fatigué de ce jeu, il retourna encore à la goinfrerie, comme on
disait à cette époque, en parlant de ces in-
satiables appétits que développaient la
fréquence des repas et l'abondance des
comestibles.

— Le Vermandois l'emporte absolument ! se disait-il en monologue. C'est
moi qui, maintenant, suis en disgrâce et
en exil !... Le chevalier de Lorraine m'a-
bandonne et me trahit comme les autres !
A-t-on jamais vu un Dauphin de France
réduit à ces humiliations ?... Oui-dà ! qu'il

s'en aille à l'armée, ce bâtard de La Vallière ! je ferai dire des messes pour qu'un
boulet de canon... Certes on ne me verra
point à la cour tant que ce soldat de fortune y traînera son épée !... Tout conspire
à me nuire et à m'affliger ! je n'ai pas
même, pour me récréer, la danse, les
chansons et l'épinette de la Raisin !

Las d'attendre et de se dépiter, le Dauphin se fit violence pour vaincre sa timi-
dité naturelle et pour s'en aller seul à
l'appartement de sa maîtresse.

Il s'échappa de chez lui, à bas bruit, en
se faufilant par les passages secrets des
cabinets et des garde-robes.

Ses officiers et ses domestiques firent
semblant de ne pas l'avoir vu sortir et
de ne pas soupçonner la cause de son absence.

Il fut très satisfait de son adresse et de
sa prudence, lorsqu'il frappa doucement à
la porte de Fanchon.

Elle vint lui ouvrir, les yeux rouges et
pleins de larmes, le visage refrogné, la
poitrine gonflée, le geste mutin et l'air
agressif.

— Ah! vous voilà! lui dit-elle en le
toisant avec dédain : vous arrivez de Pon-
toise ou de Siam.

— J'arrive toujours assez tôt pour la belle réception que vous me faites ! répondit-il, en devenant rogue et grondeur à son tour. Vous êtes une jolie fille, ma mie, avec vos mousquetaires !

— Qu'est-ce à dire repartit-elle avec pétulance. Venez-vous ici pour m'accabler ou bien pour me secourir ? Il est bon de s'entendre tout d'abord, et je veux savoir où nous en sommes depuis mes noces.

— Vos noces, madame ne font rien à la chose, et vous serez demain ce que vous étiez hier... Mais racontez-moi, je vous prie, quel est ce scandale qui s'est fait à votre occasion.

—Vous ne vous en souciez guère, n'est-ce pas? Que vous raconterai-je que vous ignoriez? N'avez-vous pas eu tout le loisir d'être instruit de point en point? Que vous importe vraiment, si l'on m'outrage?

— Quel reproche, Fanchon! répliqua-t-il en s'attendrissant et en lui prenant la main.

—Laissez ma main, s'il vous plaît! dit-elle en la lui retirant avec vivacité; ma main n'est plus à vous.

— Il est vrai, puisqu'elle appartient à Raisin, votre époux, mais comme il n'est pas céans... Voyons! Mignonne, reprit-il en la forçant à s'asseoir auprès de lui sur des coussins, que nous jouerez-vous sur votre épinette?

— Nous avons bien affaire de musique! s'écria-t-elle avec emportement. Avez-vous le cœur de vous moquer ainsi!

— Je ne me moque pas. Je suis triste à mourir, et il me semble qu'un air de musique et de danse me remettrait en humeur.

— Morgué! quel homme vous faites! Fût-on mort ou à peu près, il faut, avec vous, qu'on chante et qu'on danse!...

— J'ai tort, j'ai mille fois tort, je le confesse, s'écria-t-il d'un air contrit et déconfit. Où diable avais-je la tête aujourd'hui? c'est jour de dimanche, et je n'ai point entendu la messe!

— Et moi, qui suis enfermée dans ce cachot, croyez-vous que j'aie entendu vêpres et complies?

— Oh! quant à vous, il n'y a pas grand mal: vous êtes plus d'à moitié païenne: mais moi, bon Dieu, c'est bien différent, moi, Dauphin de France, moi fils aîné de Sa Majesté Très Chrétienne, moi qui suis tenu de donner le bon exemple au peuple!... Voilà ce que je ne me pardonnerai

jamais, et je vous en veux singulièremen
d'être cause de ce manquement à mes devoirs.

— Eh bien ! ne me pardonnez pas,
et allez vous en faire absoudre ailleurs.

— Comment, vous me chassez, Fanchon? dit-il vivement. J'ai belle envie de
vous battre pour vous réduire à merci,
petite rebelle!

— Essayez, pour voir! Je vous égrati-
gnerai et vous mordrai que vous en gar-
derez les marques.

— C'est ce qu'il ne faut pas faire, made-

moiselle, car je serais fort empêché de
dire d'où vient cela.

— Oui, oui, vous êtes homme à pré-
cautions, monsieur, on le sait de reste;
vous avez des timidités qui sentent l'enfant et vous n'oseriez pas montrer ouvertement que vous m'aimez. A quoi sert-il,
je vous prie, d'être Dauphin et quasi roi
de France, si vous craignez de dire
votre sentiment et de faire votre volonté?

— Pourquoi cette nouvelle querelle?
Qu'ai-je besoin de faire ma volonté et de
dire mon sentiment.

— Quelqu'un m'aurait insultée, offensée,

vilipendée, que vous n'y prendriez pas garde seulement!

— Au contraire, j'en voudrai à la mort, Fanchon, à quiconque vous fera de la peine.

— Eh bien donc! hâtez-vous d'en vouloir à la mort au comte de Vermandois?

— Au comte de Vermandois? répéta le Dauphin, stupéfait et intrigué.

— Sans doute; et tâchez de lui prouver, pour l'amour de moi, que vous êtes bien aise de lui nuire.

— Que vous a-t-il fait, repartit le Dauphin, dont l'étonnement avait cédé la place à la jalousie.

— Ce qu'il m'a fait! s'écria-t-elle en rongeant ses ongles et grinçant des dents; je le tuerais s'il était là !

— Vous le tueriez! dit le prince, qui s'imagina que son frère avait exercé quelque violence contre la comédienne.

— Certes, je le tuerais et je le retuerais coup sur coup pour qu'il fût incapable de me faire donner des charivaris dorénavant.

—Ah! ce n'est que cela ! répéta le Dau-

phin tranquillisé sur le fait du comte de
Vermandois.

— Ce n'est que cela ! dites-vous ! s'é-
cria la Raisin en lui pinçant les bras et
lui tordant les mains.

Fanchon prit un air mutin et dédaigneux, en regardant le Dauphin qui éten-
dait les bras avec nonchalance.

— Je savais bien, dit-elle, les larmes
aux yeux ! je savais bien que vous ne
valiez rien pour venger ma querelle !

— Quelle querelle ? reprit-il après un

bâillement prolongé. Comment M. de Vermandois se trouve-t-il mêlé là-dedans ?

— Ne voyez-vous pas, dit-elle amèrement qu'il a voulu nous railler en machinant la cabale des mousquetaires !

— Vraiment ! dit le Dauphin, qui sembla se réveiller tout à coup et qui pâlit de colère. Racontez-moi la chose, et j'aviserai ensuite.

— Voici ma mésaventure : J'ai épousé Raisin à l'église de Saint-Eustache, comme vous savez, puisque vous nous avez fait l'honneur insigne de venir un moment pendant la messe de mariage. Tout s'est passé fort honnêtement. Il y avait nombreuse et honorable assistance ; après la cérémonie, ces dames et ces messieurs de la comédie sont allés avec nous à la butte Saint-Roch, où nous avons très copieusement déjeûné...

— Mais, interrompit le prince, je ne vois pas là qu'il soit question du comte de Vermandois ?

— Patience ; venons au théâtre où l'on devait représenter la *Comédie sans titre*, de M. Boursault. Malgré le déjeûuer de noces, tous les acteurs étaient habillés et prêts à commencer la pièce à trois heures, comme à l'ordinaire. La salle semblait médiocrement remplie ; la moitié du parterre se trouvait vide, au lever du rideau ; mais les banquettes de la scène avaient été occupées dès l'ouverture des portes : on y riait en tapinois, car le complot était fait d'avance...

— Pour Dieu ! ma chère, le comte de Vermandois n'a rien à faire là, que je sache !

— Les premières scènes de la comédie allèrent leur train ; mais, quand Raisin parut, il y eut un grand rire dans la salle.

— Qui puis-je faire ? Faut-il prendre

un bâton pour frapper les gens qui rient
au nez du pauvre Raisin?

— Tout à coup les mousquetaires font
irruption de tous côtés, apportant du dehors des poêles, des grils, des coquemards,
des ferrailles, des crécelles, toute la musique de l'Apocalypse enfin. Le concierge
veut les arrêter à la porte : ils battent le
concierge et peut-être le tuent. Ils com-
mencent le sabbat, au moment même où
mon tour était venu de paraître. Je n'hé-
sitai pas cependant, et j'arrive gaillarde-
ment sur la scène...

— Je serais bien aise pourtant de connaître l'objet de votre furieux ressentiment contre M. de Vermandois?

— Que pensez-vous que je fis à ce bel accueil ? Une autre serait morte d'effroi ou de honte : je m'avançai jusqu'aux chandelles et demandai la cause de ce vacarme. Quelqu'un me cria que c'était en l'honneur de mes épousailles avec Raisin...

— Je ne vois pas là-dedans, interrompit le Dauphin, ce que peut avoir à faire M. de Vermandois ?

— Vous verrez tout à l'heure.

— Alors je haussai la note, et je lançai aux mousquetaires les plus belles, les plus joyeuses, les plus triomphantes injures. Le charivari en fut déconcerté, et les vi-

lains proposèrent tout haut de me fustiger
en public, pour célébrer mes épousailles.

— Et M. de Vermandois?

— Parlons d'abord des mousquetaires.
Je les accablai de mon mépris et redou-
blai de mots amers et piquants, si bien
qu'on voulait mettre le feu au théâtre. On
m'entraîna hors de la scène; on me cacha
dans une garde-robe, pendant que les
mousquetaires me cherchaient, l'épée au
poing.

— Oui, oui; mais M. de Vermandois
n'était pas alors à la comédie?

— Plût à Dieu qu'il y eût été et que
j'eusse pu lui arracher les yeux! Le chevalier de Lorraine et ses amis se rencon-
trèrent par hasard pour m'enlever hors de
ce coupe-gorge et pour me faire monter à
cheval, déguisée et couverte d'un manteau, tandis que la mousquetairie continuait la danse. Enfin, si je suis sortie de
là saine et sauve, le pauvre Raisin n'a pas
eu le même bonheur. Il est allé coucher
en prison.

— Il vous doit ainsi une agréable nuit
de noces! dit le Dauphin, en éclatant de
rire.

— Riez, méchant cœur! s'écria Fan-

chon, qui se mit à jouer des ongles contre
lui.

—

— Ah! ne pincez pas de la sorte! reprit
le Dauphin poussé à bout; n'égratignez
pas, sinon je me fâcherai!

— Fâchez-vous, je ne m'en soucie pas !
Vous n'êtes pas un prince, vous n'êtes pas
un homme...

— Que suis-je donc, s'il vous plaît, im-
pertinente personne?

— J'ai honte, sur ma parole, d'avoir
aimé un lâche cœur tel que le vôtre !

— Lâche ! répéta le prince, qui n'était déjà plus maître de lui. N'accusez que vous de ce qui arrivera ! Je vous battrai, ma mie !... J'entends par là que je vous tiendrai en charte privée au pain et à l'eau !

— Soyez brave et intrépide contre une femme ! dit-elle en pleurant, avec des trépignements de colère. Maltraitez-moi, persécutez-moi, accablez-moi de vos tyrannies ! Vous n'oseriez pas seulement regarder en face M. le comte de Vermandois.

— Au nom du ciel ! où voulez-vous donc en venir avec votre comte de Vermandois ?

— Je dis et soutiens que c'est lui qui a fait la cabale des mousquetaires pour se venger de vous à mes dépens.

— Quelle apparence ! M. de Vermandois ne vous connaît pas, il ne vous a jamais vue hors du théâtre ; il ne soupçonne seulement pas que je suis de vos amis.

— Votre mémoire est en défaut. Rappelez-vous la rencontre que nous fîmes de lui dans la forêt de Fontainebleau ?

— En effet, répliqua le Dauphin, devenant soucieux et taciturne.

— Rappelez-vous qu'il m'a bien recon-

nue, quoique je fusse en habits de page,
pour la chasse au loup?

— Je m'en souviens, et même il vous
guignait de l'œil avec beaucoup d'inso-
lence.

— Rappelèz - vous que vous eûtes ensemble un débat assez vif et que vous ju-
râtes d'en avoir raison?

— Il est vrai !... Vermandois est un ef—
fronté garçon, et j'aurais dû me plaindre
au roi.

= Non; vous auriez dû le payer en

même monnaie et lui couper au besoin les oreilles...

— Holà! mignonne, vous feriez bien de modérer votre langue, car vous êtes quasi hors de sens...

— Attendrez-vous qu'il vous ait mené par le nez? Attendrez-vous qu'il se soit fait Dauphin à votre place !

—Billevésées que cela, repartit le prince, frémissant de dépit et affectant de rire.

— Vous verrez si ma prédiction est juste, monseigneur : le comte de Vermandois aspire à vous supplanter.

— Me supplanter! pardieu! s'écria le Dauphin, d'un air de pitié.

— Il ne vous demandera pas votre permission pour en venir là. Il ne fait nul cas de vous; il se dit qu'on peut impunément s'attaquer au Dauphin...

— Jour de Dieu! qu'il s'y hasarde! murmura le prince, roulant des yeux farouches.

— Il s'y est hasardé, et sans qu'il s'en trouve mal, puisqu'il m'a mortellement outragée à cause de vous.

— Ce n'est point à cause de moi qu'on vous a donné un charivari au théâtre?

Non, ce n'est point à cause de vous, c'est à cause du Prêtre-Jean! Soit! Mais informez-vous auprès du chevalier de Lorraine et sachez de lui ce qu'on en pense.

— Et quand il en serait ainsi, madame, que voulez-vous que j'y fasse?

— Faut-il vous dire ce que ferait un prince qui aurait du cœur et du jugement? Vous ne pouvez provoquer en duel M. de Vermandois; j'y consens, puisqu'on veut qu'il soit votre frère.

— Lui, mon frère! interrompit le Dauphin; un bâtard!

— Je ne vous conseille rien contre lui, du moins directement ; mais vous devez être impitoyable à l'égard des marauds qu'il a employés dans sa vengeance ; il importe d'abord de rechercher les mousquetaires qui ont fait leur partie dans ce beau charivari...

— J'admets qu'on les recherche et qu'on les découvre. Ensuite ?

— Il seront cassés et déclarés indignes de servir le roi ! Votre honneur ne sera point sauf à moins.

— Vous êtes folle ! Casser les mousque

taires du roi pour une cabale de théâtre contre une comédienne!

— Contre vous, contre le Dauphin!... N'en parlons plus, s'il vous plaît, et laissez-moi offenser, battre, assassiner. Ce n'est point votre affaire...Si je vous aimais, je mourrais de honte et de rage!

— Aimez-moi, et ne mourez pas! Je vous promets de faire rechercher les auteurs de cette cabale...

—Arrière, monseigneur! disait Fanchon tout éplorée; je ne vous aime plus, et je me demande si je vous ai jamais aimé!

V 6

— A tout bien considérer, je suis content que vous ne m'aimiez plus, puisque vous voilà mariée à Raisin.

— Pourquoi suis-je mariée? s'écria-t-elle en fureur. N'est-ce pas vous qui avez fait ce beau mariage?

— Nous étions l'un et l'autre en état de péché; vous meniez une vie bestiale...

— Bestiale! répéta Fanchon hors d'elle-même. Bestiale! Avez-vous juré de me mettre au désespoir? Nest-ce point assez qu'il y ait une lettre de cachet lancée contre moi? N'est-ce point assez que j'aie failli être arrêtée ici même ce matin?

— Quoi! une lettre de cachet signée du roi? dit le Dauphin consterné et indécis.

— Non, du lieutenant de police; mais n'importe! ce sont vos ennemis qui m'accablent!

— Il y a pour vous un grand enseignement dans ce qui se passe. Vous vivez en état de péché, vous n'accomplissez pas vos devoirs de religion, vous n'êtes point allée aujourd'hui à l'église...

— Et vous-même! est-ce par dérision, monseigneur? ajouta-t-elle en le regardant fixement.

— Et vous-même! est-ce par dérision, monseigneur? ajouta-t-elle en le regardant fixement.

— Rien n'est plus sérieux et plus grave que ce que je dis là ! Fanchon, il est temps de faire pénitence...

— Pénitence, vous nous la baillez belle, monseigneur, s'écria-t-elle d'un air de révolte.

— Je ne me moque pas et j'entends qu'il en soit ainsi, vous avez trop péché pour que je ne veuille pas aider à votre salut.

— Faites-vous moine, si cela vous plaît; quant à moi, il ne me plaît pas de me faire nonnain.

— Il faut pourtant que vous jeûniez jusqu'à demain, mademoiselle.

— Que je jeûne, reprit-elle en se mu-
tinant, que je jeûne ! Mais, ce me semble,
n'ai-je pas jeûné depuis que je ne soupe
plus ?

— Vous ne souperez pas ce soir, et je
me coucherai aussi sans souper par pénitence.

— C'est outrepasser toutes les bornes !
je n'y peux plus tenir, et je renonce à cet
esclavage.. Jeûnez à votre aise, flagellez-
vous à coups de discipline, si bon vous
semble, changez vous en bête comme

Nabuchodonosor, je m'en lave les mains et je vous quitte.

— Vous me quittez? dit le prince, étonné de voir qu'elle se dirigeât vers la porte.

— Oui, je vous quitte pour toujours, et vous abandonne à vos jeûnes, à vos pénitences, à vos folies!

— Revenez, Fanchon? reprit-il en se levant pour aller à elle: ce que j'en fais n'est que pour votre bien.

— Non, plus d'affaires! Si je rencontre

le comte de Vermandois, je lui veux offrir
d'être son humble servante.

— En ce cas, allez le trouver à Versailles, et même, suivez-le, s'il le faut, à
l'armée de Flandre.

— Je le suivrai jusqu'aux enfers, pourvu
qu'il me délivre de vous, qui ne m'aimez
point et me persécutez !

— Je vous défends de sortir d'ici, s'écria
le Dauphin, qui voulut trop tard s'opposer
au dessein de Fanchon.

— C'est moi qui vous forcerai bien de

faire pénitence, dit-elle en s'enfuyant et en tirant la porte derrière elle. Vous pourrez là-dedans jeûner tout votre saoul et dire vos patenôtres jusqu'à demain !

La Raisin, qui avait obéi à une inspiration soudaine de malicieux ressentiment, ne s'arrêta pas dans l'exécution de sa vengeance.

Sans tenir compte des prières et des injonctions du prince qui n'osait élever la voix, de peur d'être entendu et surpris dans une situation aussi délicate que ridicule, elle ferma la porte à double tour et s'éloigna, laissant la clé en dehors, dans la serrure.

Son projet était de revenir bientôt délivrer son prisonnier, dont elle se représen-
tait, en riant, l'embarras et la colère ;
mais elle s'égara dans un dédale d'esca-
liers, de galeries et de salles, où elle avait
porté ses pas à l'aventure, et elle ne put
retrouver son chemin.

Elle ignorait, d'ailleurs, dans quelle
partie du château se trouvait son appartement, et elle eût été fort en peine de
fournir à quelqu'un les indications né-
cessaires, pour qu'il fut possible de la
guider et de la ramener à son point de départ.

La prudence l'empêchait aussi de se

confier au premier venu, et elle s'exposait
à irriter davantage le Dauphin par une in-
discrétion qui l'aurait compromis.

Elle évita donc de s'adresser aux domestiques qu'elle rencontrait, et qui la regardaient avec autant de curiosité que d'inso-
lence.

Elle crut reconnaître la voix de l'huissier à verge, qui était venu la veille de
Paris pour l'arrêter, et la peur de tomber
dans les mains de cet officier de justice,
acheva de la troubler. Elle se mit à courir
d'étage en étage et elle arriva enfin hors
d'haleine dans les jardins.

Elle se repentait de son espiéglerie, et

elle aurait voulu pouvoir, à tout prix, rendre la liberté au Dauphin, dont elle devinait la fureur ; mais elle avait déjà trop tardé, et elle se demandait si le prince lui pardonnerait jamais un acte de violence qui aurait peut-être de bien graves conséquences.

Elle essaya encore de chercher la route qu'elle devait suivre ; elle se fatigua inutilement à parcourir au hasard quelques parties désertes du château.

Elle erra dans les galetas, elle écouta aux portes, elle regarda aux fenêtres ; elle ne savait plus où elle se trouvait.

Une heure s'était écoulée dans ces re-

cherches infructueuses, lorqu'elle entendit, sans être vue, deux officiers de bouche
qui se disaient l'un à l'autre que le Dauphin n'avait pas demandé à souper, et
qu'on ignorait ce qu'il était devenu depuis
plus de trois heures.

Elle n'osa pas s'adresser à ces gens,
pour recommencer, de concert avec eux,
une exploration qu'elle ne se sentait plus
le courage de continuer. L'effroi et le désespoir s'emparèrent d'elle; les yeux
gonflés de larmes, le cœur plein de
rancune et de dépit, elle résolut de ne
point attendre le dénoûment de cet épi-
sode, moitié sérieux, moitié comique, et
de sortir de Fontainebleau avant que le
Dauphin eût été délivré d'une captivité
qui pouvait durer longtemps encore.

— Il n'y aurait pas grand mal quand il
passerait toute la nuit enfermé ! se disait-
elle, pour s'encourager. Il pourra de la
sorte jeûner copieusement, et il fera ainsi,
grâce à moi, une fort belle pénitence.

Elle ne songeait plus que la nuit était
proche.

Elle s'enfonça dans les jardins, entra
dans le grand parc, et, marchant à la hâte
pour se remettre de son émotion, qui ne
faisait que s'accroître, elle rencontra une
grille ouverte qui la conduisit, à son insu,
dans la forêt.

Le bruit de cette grille, qu'on fermait

derrière elle à grand renfort de serrures et de cadenas, la fit tressaillir, mais ne lui donna pas l'idée de retourner sur ses pas.

Au contraire, elle crut que le Dauphin la faisait poursuivre, et elle se promit malignement de lasser les gens qu'on avait envoyés sur ses traces.

Elle pénétra donc plus avant dans le bois, à travers des sentiers herbus qui l'écartaient du château, sans qu'elle s'en doutât, car elle se figurait être toujours dans l'enceinte des jardins et du parc.

— Il est bon de lui causer quelque regret! se disait-elle avec satisfaction. Il pensera que je m'en suis allée vers le comte de Vermandois... Mais ce méchant prince n'est point au château... Je voudrais qu'il y fût pour lui réciter ma litanie !... C'est dommage, morgué ! qu'un prince de si bonne mine s'amuse à des cabales contre les comédiennes !

Le silence qui régnait autour de la fugitive, les ombres qui s'épaisissaient sous les feuillages, le pialement des oiseaux et les cris des bêtes fauves, à l'approche de la nuit, conseillèrent à la Raisin de retourner au château ; mais elle lui tournait le dos et elle se dirigeait, en pleine forêt, du côté de la rivière.

Alors, elle s'inquiéta de savoir où elle

était, et elle remarqua que les futaies
étaient plus élevées, les chênes plus gigantesques, les fourrés plus épais que dans le
parc.

Elle avait hâte d'arriver, d'apercevoir
les combles des bâtiments entre les arbres,
d'entendre le timbre de l'horloge.

Elle marchait plus vite ; elle regardait
çà et là d'un œil effaré.

Une terreur vague descendait au fond
de son âme avec le crépuscule : le craque-
ment des feuilles sèches sous ses pieds, le
murmure de son haleine oppressée, le
frôlement de sa robe de soie, la faisaient

frémir à chaque pas, comme si elle se sentait environnée de dangers mystérieux et
menaçants.

— Où suis-je? se disait-elle toute trem-
blante. La forêt doit être bien près... Cette
forêt est remplie de serpents, de loups et
de voleurs... Si j'appelais! si j'indiquais la
route aux gens qui me cherchent!... Ils
auraient pu m'entendre tout à l'heure, et
maintenant!..... O mon Dieu! la nuit
vient!... Que vais-je devenir, seule et perdue dans les bois! O le damné Dauphin!
comme je le déteste! il est cause de tout,
et il s'en moque peut-être.

Elle ne pouvait plus s'abuser sur sa si-

tuation pénible et douloureuse : elle se
voyait menacée de passer la nuit dans la
forêt et elle n'avait pas même l'espoir de
regagner Fontainebleau ou de trouver un
gîte, avant que l'obscurité l'empêchât de
marcher dans des chemins inconnus où
elle craignait de rencontrer un abîme à
chaque pas.

Elle commençait à souffrir du froid et
de l'humidité, car elle n'avait pas la tête
couverte, et sa mince chaussure de peau
d'agneau s'était mouillée dans l'herbe,
tandis que la rosée du soir avait traversé
ses vêtements.

Elle marchait toujours, quoiqu'elle ne

distinguât plus la place où elle posait son pied ; mais la nuit la gagnait de vitesse, et elle se trouva bientôt dans des ténèbres profondes, sous de hautes futaies qui ne lui laissaient pas entrevoir un coin du ciel.

Ses forces morales et physiques étaient épuisées ; elle s'arrêta, prête à défaillir, en s'appuyant au tronc d'un arbre.

Elle fondit en larmes et poussa des gémissements plaintifs.

Pendant ce temps-là, le chevalier de Lorraine, qui avait fait le voyage de Versailles et de Meudon, sans rencontrer le

Dauphin, était revenu à Fontainebleau, où il espérait le retrouver.

Il apprit, en effet, que le prince y était arrivé depuis le matin, et n'avait pas quitté son appartement; il ne l'y rencontra pas, et il alla le chercher aussitôt chez la Raisin.

Sa surprise fut grande de trouver la clé à la porte, et cette porte fermée à double tour.

Au bruit qu'il fit en entrant, le Dauphin se réveilla en sursaut dans l'obscurité.

— Qui vive? cria le prince, dont l'esprit

errait encore dans les brouillards du sommeil.

— Ami! répondit le chevalier de Lorraine, qui se montra, un flambeau à la main, aux regards ébahis du Dauphin.

— Quelle heure est-il? demanda le prince en bâillant. J'ai dormi quelque peu, m'est avis.

— Monseigneur, il est dix heures. Mais comment Votre Altesse Royale est-elle sans lumière?

— Est-il besoin de lumière pour dormir?

Ah! dix heures! j'ai grand faim et vais furieusement manger.

— Monseigneur! dit le chevalier, qui cherchait des yeux la Raisin, Votre Altesse est donc seule ici?

— Apparemment, puisque vous ne voyez personne. Eh bien! allons souper!

— Votre Altesse était enfermée à la clé! Qui donc vous a osé emprisonner ainsi, monseigneur?

— Quelqu'un sans doute, à moins que ce soit moi-même en dormant. Venons!

— Monseigneur! reprit le chevalier, de

plus en plus intrigué : la demoiselle Raisin
n'est-elle plus céans ?

— J'imagine qu'elle s'en est allée dans
un couvent pour faire pénitence de ses
péchés.

— Quoi ? monseigneur, serait-il vrai !...
Fanchon et le couvent ne sauraient vivre
ensemble.

— Au fait, elle avait l'humeur doguine
aujourd'hui, et il se peut qu'elle se soit je-
tée dans un puits. J'y songerai après souper !

X

Le coucher du roi.

On attendait le comte de Vermandois à Versailles.

Tout le monde s'apprêtait à lui faire fête, car on savait, de la bouche du roi même, que ce prince n'était plus en dis-

grâce, et qu'il allait avoir un commandement à l'armée de Flandre.

Mais la journée entière s'écoula, sans
qu'on annonçât le retour du maréchal
d'Humières, qui était allé en grand appa-
rat chercher le prince à Fontainebleau,
pour le ramener à son père, comme l'enfant prodigue de l'Évangile.

Cependant, on avait calculé que le maréchal, parti avant le jour, serait rentré à
Versailles dans l'après-dîner, c'est-à-dire
vers cinq ou six heures, et Louis XIV en
était si persuadé lui-même, qu'il avait
voulu revenir de sa promenade habituelle
plus tôt qu'à l'ordinaire, afin de se trouver
là pour l'arrivée de son fils.

Le roi fut fort étonné et fort dépité d'apprendre qu'on n'avait pas de nouvelles du maréchal d'Humières, ni du comte de Vermandois.

Il avait passé plus d'une heure dans ses cabinets, après avoir changé d'habit et fait une grande toilette de cérémonie; il espérait à chaque instant qu'on viendrait l'avertir que les carrosses arrivaient de Fontainebleau; il s'impatientait, il s'irritait d'attendre en vain.

Pour tuer le temps, il demanda ses chiens; il les caressa, leur parla, leur donna de sa main à manger plus longtemps qu'à l'ordinaire, puis il les renvoya de mauvaise humeur.

Ensuite il se fit lire, par son premier valet de chambre Chamarande, la correspondance secrète que lui adressait, de Paris, trois fois la semaine, le lieutenant général de police, pour satisfaire son active curiosité.

Mais cette lecture ne parvint pas à le distraire de sa préoccupation ; il s'informait toujours si le maréchal d'Humières était revenu.

Enfin, las d'attendre, et blessé d'un retard qu'il n'avait pas prévu, il se rendit chez madame de Maintenon, sans paraître dans les salons, où toute la cour était réunie pour faire accueil au comte de Vermandois.

Il y avait ce soir-là ce qu'on appelait *appartement*.

Trois fois la semaine, depuis sept heures du soir jusqu'à dix, le grand appartement du roi était ouvert à tout le monde, sans que personne eût été invité d'une manière spéciale.

On jouait à toutes sortes de jeux, depuis le lansquenet jusqu'au billard ; on entendait de la musique et on prenait des rafraîchissements.

Le roi y jouait quelquefois avec Monsieur et le Dauphin, mais d'ordinaire il ne faisait que traverser l'appartement, parlant aux dames et rarement aux hommes, remarquant toutefois ceux qui se trouvaient là, et gardant rancune aux absents.

Le bruit se répandit dans les salons que le roi ne s'y montrerait pas, parce qu'il avait reçu de fâcheuses nouvelles.

On ne précisait pas d'ailleurs la nature de ces nouvelles.

Les uns disaient que le comte de Vermandois était gravement malade d'une chute de cheval.

Les autres, qu'il avait été envoyé direc-

tement à l'armée. On annonçait que les
hostilités venaient de commencer en Flandre et dans le duché de Luxembourg.

On assurait aussi que les mouvements
des protestants dans le Dauphiné avaient
réagi sur le Languedoc, et que les coreli-
gionnaires se remuaient dans les Cé-
vennes.

On parlait en outre des Templiers, et
l'on racontait que les lieux de rendez-
vous de cette secte de libertins et d'athées
avaient été occupés par des exempts char-
gés d'arrêter et conduire à la Bastille tous
les joueurs et les buveurs qui s'y présen-
teraient.

Louis XIV resta jusqu'à dix heures dans l'appartement de madame de Maintenon, où il travailla avec le marquis de Louvois jusqu'à ce qu'on l'eût fait avertir, par le capitaine des gardes, que le souper était servi.

Mais il ne passa point dans le salon du grand couvert, comme à l'ordinaire, pour s'asseoir à table avec sa famille et une foule de dames ; il ne voulait pas faire voir à tous les assistants que les places de ses deux fils, le Dauphin et le comte de Vermandois, fussent restées vides à ses côtés.

Il retourna, triste et soucieux, dans sa chambre, où on lui servit à souper sur la table carrée devant laquelle il dînait seul tous les jours.

La table était couverte d'un grand nombre de plats de viandes froides, d'entremets sucrés, de pâtisseries, de fruits et de confitures.

Le maître d'hôtel en quartier, son bâton à la main, se tenait debout à la gauche du roi, et désignait du geste aux écuyers tranchants les plats qu'ils devaient présenter suivant l'ordre du menu.

Le roi goûtait à tout ce qu'on mettait devant lui.

V

Deux officiers du gobelet lui versaient à
boire, et il buvait, en quelques gorgées,
un plein verre de vin à peine trempe
d'eau; il avalait aussi, presque sans mâ-
cher, les morceaux copieux qui passaient
sur son assiette.

Louis XIV, on le sait, était un des plus
grand mangeurs de son royaume; mais,
lorsqu'il était contrarié et ne parlait pas
en mangeant, son appétit immodéré prenait des proportions effrayantes, ce qui
ne l'empêchait pas de se réveiller la nuit
pour manger encore.

Le roi, qui était fort préoccupé et fort
silencieux à son souper, n'avait pas cessé

dé se charger de nourriture depuis une demi-heure.

Il n'y avait dans sa chambre à coucher, outre les gens de service, que son premier valet de chambre Chamarande, le duc de la Feuillade, le duc de Noailles, son premier médecin Fagon et un de ses secrétaires, Pélisson-Fontanier, de l'Académie française.

Tous les assistants ressemblaient à des statues de cire, dont les yeux seuls vivaient; le silence de cette assemblée immobile n'était interrompu que par le bruit de la fourchette du roi et par le clapotement incessant de sa vaillante mastication.

L'horloge sonna la demie, et Louis XIV cessa un instant de manger.

— En vérité, dit-il d'un ton grondeur, il faut qu'un accident soit arrivé, qui retarde la venue du maréchal !

— Je ne pense pas pourtant, répliqua perfidement le duc de la Feuillade, que M. d'Humières se soit oublié à jouer aux échecs lorsqu'il est attendu par Votre Majesté.

— M. d'Humières est un homme exact, repartit le duc de Noailles ; il arrive toujours avant l'heure.

— Combien compte-t-on de lieues jusqu'à Fontainebleau? demanda le roi, qui dévorait une perdrix rôtie.

— Quatorze lieues, Sire, répondit Chamarande; il y a cinq heures et demie de route dans la bonne saison.

— Cinq heures et demie de route, dit le roi en calculant à demi-voix; cela fait onze heures pour l'aller et le retour. Le maréchal est monté en carrosse à quatre heures du matin, il aurait dû être ici vers cinq heures de l'après-midi. Il en est dix et demie du soir : c'est donc un retard de cinq heures et davantage.

— Il faut penser que le maréchal s'est

reposé et rafraîchi à Fontainebleau, dit le
duc de la Feuillade.

— Il faut penser aussi, dit le duc de
Noailles, que monseigneur le duc de Vermandois n'était pas tout prêt à partir, en
cas qu'il fût au château.

— Où voudriez-vous donc qu'il eût été?
se récria le roi en attaquant une seconde
perdrix. N'est-il pas comme aux arrêts et
en chartre privée dans ce château où je
l'avais relégué par châtiment?

— M. de Noailles a prétendu dire par

là, reprit le duc de la Feuillade en souriant, que Son Altesse pouvait être à la chasse...

— Ou bien au jeu, comme le disait tout à l'heure madame la marquise de Maintenon? repartit le duc de Noailles, qui mit de la sorte sa malveillance sous la protection de la favorite du roi.

— Au jeu! disait Louis XIV, la bouche pleine. Contre qui veut-on qu'il s'en aille jouer à Fontainebleau, où il est seul avec ses gouverneurs! Que t'en semble, Chamarande?

— Sire, les jeunes gens de son âge savent faire autre chose que prier, répondit le premier valet de chambre.

— Je préfère ne pas comprendre ce que vous avez dit là, Chamarande, dit le roi, car ce ne serait pas pour excuser M. de Vermandois, je vous assure. Dieu merci ! nous ne voyons pas jusqu'à présent qu'il se soit beaucoup soucié des femmes : il n'a été encore que joueur et ivrogne.

— Madame la marquise de Maintenon disait ce soir même, repartit le duc de Noailles, que l'amour du jeu et l'ivrognerie conduisent infailliblement aux autres vices.

— Je pense le contraire, monsieur le duc, répliqua légèrement La Feuillade ; c'est l'amour des femmes qui mène la danse.

— Je sais cependant, dit le roi, des hommes de grande condition qui, pour trop aimer la galanterie, n'ont jamais donné dans le jeu et dans le vin. C'est un vilain défaut que l'ivrognerie ! ajouta-t-il, en vidant un grand verre de Malvoisie.

— Vous avez vu le Dauphin, avant qu'il ne partît pour Meudon ? dit le roi, en s'adressant à Pélisson qui s'inclina respectueusement. Pourquoi n'a-t-il pas attendu que je fusse rentré de ma promenade?

— Sire!... répondit Pélisson, que la préoccupation de son incomparable laideur faisait rougir, dès que quelqu'un le regardait en face, et qui éprouvait encore plus d'embarras sous le regard du roi.

— Parlez sans vous troubler, monsieur Pélisson, je ne vous regarderai pas.

— Sire, Son Altesse Royale arrivait à peine de Paris, qu'elle reçut un courrier de madame la Dauphine.

— Et que lui mandait-on par ce courrier ?

— Que monseigneur le duc de Bourgogne était atteint de la rougeole, disait-on.

— La rougeole ! s'écria le roi, en se tournant vers son premier médecin. N'est-ce pas une maladie contagieuse ?

— Très contagieuse, Sire ! répondit Fagon, en aspirant une large prise de tabac. Mais on s'y trompe souvent.

— N'importe ! il sera sage que le Dau-

phin ne revienne point à Versailles, tant
que son fils sera malade.

On entendit une grande rumeur partout le château.

C'était le comte de Vermandois qui arrivait à cheval, avec le sieur de Périgny.

On alla sur-le-champ chez le roi, qui
donna ordre d'introduire le jeune prince.

Celui-ci hésitait à se présenter devant
son père en costume de voyage, et il demanda la permission de changer d'habit,
mais le premier valet de chambre lui fit

entendre que le roi achevait de souper et allait se mettre au lit.

Le comte de Vermandois, botté et portant sur ses vêtements les traces d'une longue route à franc étrier par des chemins en mauvais état, entra seul dans la chambre du roi.

Louis XIV s'était levé de table, quoiqu'il n'eût pas entièrement soupé.

Son premier mouvement fut d'aller à la rencontre de ce fils, auquel il voulait pardonner, et qu'il n'avait pas vu depuis dix mois, mais il réprima ce mouvement, qui ne s'accordait pas avec l'étiquette et qui se trouvait combattu d'ailleurs par l'impression défavorable que lui avait laissée son entretien du soir avec madame de Maintenon et le marquis de Louvois, tous deux hostiles au comte de Vermandois.

Il recula donc vers la balustrade de son lit, et se tint debout, un cure-dents à la main.

— Sire! s'écria le prince, qui fit quelques pas vers son père avec élan et qui s'arrêta court pour mettre un genou en terre.

— Levez-vous, monsieur de Vermandois! dit le roi allant à lui pour le relever : vous êtes pardonné !

Il l'embrassa paternellement, sans pouvoir se défendre d'une émotion qui se révélait tout à coup au son de sa voix.

Il n'avait pas encore remarqué jusqu'alors combien son fils lui ressemblait, et cette ressemblance extraordinaire, qui le frappa au premier abord, lui rappela ce qu'il était lui-même à l'époque où cet enfant avait vu le jour.

Il retrouvait aussi, sur les traits fins et gracieux du jeune prince, un souvenir vivant de l'angélique physionomie de mademoiselle de La Vallière.

— Ah! Sire! dit en pleurant de joie le comte de Vermandois, que l'émotion de son

père avait ému jusqu'au fond de l'âme
comme je me reproche d'avoir pu déplaire
à Votre Majesté!

— Vous avez eu des torts, que je veux
oublier! reprit Louis XIV, qui ne se las-
sait pas de le regarder et de s'admirer lui-
même dans son image. Mais qu'avez-vous
fait de M. le maréchal d'Humières?

— Sire! repartit le prince, forcé de
mentir et rougissant de son mensonge :
M. le maréchal était moins empressé que
je devais l'être, puisqu'il s'agissait pour
moi de rentrer en grâce...

— Vous avez pris les devants, dit le

roi avec un sourire d'approbation, vous l'avez laissé en arrière ?

— Oui, Sire, c'est l'ardeur de la jeunesse, et surtout le désir de revoir plus-tôt Votre Majesté.

— Il est fâcheux que votre empressement ne se soit pas montré cinq heures auparavant, car j'aurais été bien aise de vous embrasser devant toute ma cour..... Au reste, ces messieurs sont là pour dire ce qui s'est passé ici, et comme quoi je vous ai pardonné absolument.

Louis XIV tenait les yeux fixés sur son fils, et le comparait, en idée, avec le Dauphin, qui tout en lui ressemblant beaucoup par les traits plutôt que par l'expression du visage, ne se distinguait pas comme lui par la noblesse du maintien et par l'élégance de la tournure.

Le roi, en les comparant ainsi tout deux, ne put donc, malgré ses préférences pour le fils légitime, mettre celui-ci au niveau de son frère naturel, qui, moins favorisé par la naissance, l'avait été davantage par la nature.

— M. le maréchal vous a dit sans doute, reprit le roi s'asseyant dans un fauteuil vis-à-vis du comte de Vermandois, quelles étaient mes intentions à votre égard?

Tous les assistants, pensant que Louis XIV

voulait entretenir son fils sans témoins, s'éloignèrent à la fois, les uns vers la ruelle du lit, les autres vers la porte, chacun suivant la nature de sa charge et le degré de faveur intime qu'il avait auprès du roi.

— Sire! répondit le prince, qui se tenait debout, avec humilité, devant son père : M. le maréchal d'Humières m'a fait savoir, en effet, que Votre Majesté me permettait de suivre le glorieux exemple qu'elle m'a donné dans ses grandes guerres, en allant combattre ses ennemis.

— Vous allez faire votre première campagne, reprit le roi avec bonté, et j'espère que nous serons content de vous.

— Ah! Sire je brûle de répandre mon sang pour le service de Votre Majesté !

— Il ne faut pas répandre votre sang, monsieur, mais il faut vous distinguer à l'armée par votre zèle comme par votre courage, par votre obéissance à la discipline comme par votre conduite sur le champ de bataille.

— Je serais bien malheureux, Sire, avec la bonne envie que j'ai de me signaler, si je ne prouvais pas à tous que je suis digne de ma naissance et de Votre Majesté !

— Je voudrais que M. d'Humières fût ici ! objecta le roi, qui avait compté sur la

présence du maréchal pour régler définitivement la position du prince à l'armée.
J'avais votre âge à peu près, ajouta-t-il en
se laissant aller avec complaisance à ses
souvenirs de jeunesse, quand j'allai à la
guerre pour la première fois. Ce n'étaient
pas des Espagnols, mais des rebelles qu'il
fallait châtier. J'avais sous mes ordres le
maréchal de Fabert et nous assiégions la
ville de Stenay, qui fut prise sous mes
yeux le 6 août 1654. Vous aurez également pour vos premières armes une ville
à réduire, mais j'espère qu'elle ne tiendra
pas aussi longtemps que Stenay.

— Ce doit être une furieuse joie que de
monter à l'assaut, Sire, et de planter son
drapeau sur le rempart!

—Un prince, monsieur, répondit aigrement le roi, ne doit pas s'abandonner à cette fougue de guerre, car sa vie est plus précieuse que celle des autres, et il est tenu de bien faire son devoir, sans se faire tuer.

— Sire, aurai-je un commandement? dit le comte de Vermandois, qui cherchait quelque prétexte de demander la grâce de M. de Chantemerle et qui ne savait pas comment en arriver là.

— Sans doute, reprit le roi; mais c'est M. le maréchal d'Humières qui vous le donnera sur les lieux... Je regrette d'autant plus qu'il ne soit point ici... Ne viendra-t-il pas bientôt?

— Il ne saurait tarder, Sire, car son carrosse n'était pas à plus d'une demi-lieue en arrière...

— Vous n'êtes donc point venu avec lui dans son carrosse? Il n'est donc point encore arrivé?

— Sire, répliqua le prince en rougissant, le carrosse n'allant point assez vite à mon gré, j'ai préféré monter à cheval et courir la poste.

— Ce n'est pas trop le fait d'un prince du sang, et vous pouviez, en galopant ainsi, faire une chute dangereuse; mais cependant je vous tiens compte de l'intention, monsieur.

— Sire, oserai-je solliciter une grâce
de Votre Majesté? dit le prince, qui jugea
que le roi était assez bien disposé, pour
qu'on lui parlât de l'affaire de M. de Chantemerle.

— Quelle grâce, monsieur? reprit
Louis XIV, qui devint aussitôt plus sévère
de visage et de parole.

Le comte de Vermandois devint rouge
et tremblant : il baissa les yeux sous le
regard scrutateur du roi.

— Sire, dit-il d'une voix émue, c'est
l'humanité qui me conseille de défendre
cette cause !

— Dites, monsieur? Nous verons ce dont il s'agit.

— Je ne connais pas les personnes pour lesquelles j'implore la miséricorde de Votre Majesté...

— Pourquoi vous mêlez-vous, s'il vous plaît, des affaires de gens que vous ne connaissez pas? Quel intérêt y avez-vous? Voilà de l'imprudence, et vous êtes en âge de penser à ce que vous faites.

— Sire! murmura le comte de Vermandois, attéré par l'accueil peu encourageant que recevait sa requête.

— Eh bien! je vous écoute et j'attends.

— Ce sont deux pauvres hommes, Sire, qui ont été condamnés à mort et qui sont innocents...

— Est-ce que sous mon règne, monsieur, interrompit le roi avec rudesse, on a jamais condamné les innocents?

— Je veux dire, monsieur, qu'ils ne sont point aussi coupables qu'on les accuse de l'être. Je supplie humblement Votre Majesté de leur accorder des lettres d'abolition. L'un d'eux est un vieux gentilhomme qui a versé son sang au service du roi, et qui le verserait encore pour le même objet, s'il devait faire preuve de fidélité...

— Quel est son crime? repartit vivement Louis XIV. Il y a un crime, puisqu'on a condamné ce gentilhomme.

— Sire, il a eu le malheur de se trouver compromis dans la seddition des protestants du Dauphiné.

— En ce cas, il a été bien et justement condamné, et je tiendrais la main pour qu'il le fût encore de même, s'il ne l'était pas.

— Mais, Sire, la condamnation a eu lieu par contumace, en l'absence de l'accusé, et ce pauvre vieillard n'a pas commis, je vous jure, les faits qu'on lui impute.

— Le nom ? Car si vous ne connaissez pas l'homme, vous connaissez du moins son nom ?

— Le comte de Chantemerle !..... dit le prince, dont la voix était à peine intelligible.

— Quoi ! justice n'en a point été faite, et ce grand criminel ose attendre quelque chose de ma clémence ?

— Je suis bien informé, Sire : il est absolument étranger aux actes de la rébellion ; il n'a jamais porté les armes contre les troupes de Votre Majesté ; il s'est efforcé plutôt d'apaiser la révolte...

— C'est un protestant ! dit brusquement le roi, qui coupa court au plaidoyer du jeune prince.

— Je crois, il est vrai !.... répondit le comte de Vermandois, que cette question avait interdit... Il est de la religion de ses ancêtres, qui appartenaient à l'église prétendue réformée, dès le temps de l'édit de Nantes...

— Que m'importe ! Je ne veux que des catholiques pour sujets, et ne me soucie pas de ceux qui persévèrent dans l'hérésie... J'ai des nouvelles de votre comte de Chantemerle, et je sais tous les méfaits qu'on lui reproche. N'a-t-il pas enlevé sa fille, que j'avais mise au couvent de l'Ave-

Maria, pour qu'elle y fût convertie à notre
sainte religion catholique?

— Sire, je puis certifier que ce n'est pas
lui qui a tiré de l'Ave-Maria mademoiselle
de Chantemerle...

— C'est un fait détestable! s'écria le roi
en s'animant et frappant du poing sur les
bras du fauteuil; c'est une audacieuse rébellion! et, par cela seul, il a mérité sa
condamnation!

— Mais, je vous atteste, Sire, que le
comte est parfaitement innocent de l'éva-
sion de sa fille....

— Qu'en savez-vous? M. le lieutenant

de police dit le contraire, et j'ai là des
notes très précises à ce sujet. Mais c'en
est assez là-dessus..... Que M. de Chantemerle se convertisse, et nous aviserons à
ce que nous pourrons faire pour lui.

Le comte de Vermandois laissa tomber
sa tête sur sa poitrine et garda le silence,
en proie à un douloureux découragement.

— Et l'autre personne pour qui vous
me vouliez intercéder? demanda le roi.

— C'est aussi un protestant, un rebelle!... répondit froidement le prince,
qui n'attendait rien de cette nouvelle
prière. Il est également condamné à

mort, et il n'est pas plus coupable que l'autre.

— Il est coupable, puisqu'il est héréti-que, s'écria le roi avec colère, et avant qu'il soit longtemps, j'ordonnerai les cho-ses, de manière à n'avoir plus un seul hé-tique dans tout mon royaume.

— Je respecte la volonté de Votre Ma-jesté!..... dit le prince qui, en parlant ainsi à la légère, était préoccupé surtout de la religion de mademoiselle de Chan-temerle. Mais je crains fort que la vio-lence ne puisse prévaloir contre des croyances religieuses qui ont passé de père en fils...

— Que dites-vous là, monsieur? interrompit Louis XIV en lui lançant un regard terrible. Est-ce bien mon fils qui parle ainsi? Un hérétique ne parlerait pas autrement. N'avez-vous pas de religion, monsieur?

— Sire, Dieu soit loué, répondit humblement le prince, j'ai la religion que je tiens de ma pieuse et vénérée mère.

— Cependant, à vous entendre, dit le roi, un peu calmé par cette réponse, qui lui rappelait la pénitence de sœur Louise de la Miséricorde, on imaginerait que vous voyez des hérétiques! Quel est votre directeur de conscience?

— M. l'abé Cornouaile, vicaire de Saint-Eustache de Paris, lequel a remplacé tout récemment M. l'abbé Gofas.

— Oui, oui ! l'abbé Cornouaille, un fort habile homme, dont on m'a dit grand bien... Je l'ai vu à Marly. Il était confesseur de feu M. Colbert... On vante surtout son talent de prédicateur, et madame la marquise de Maintenon désire assister à un de ses sermons ; elle a demandé qu'il prêche demain devant nous, au salut.

— Mais, Sire, M. l'abbé Cornouaille n'est point à Versailles, dit le prince, inquiet et troublé.

— Voilà un étrange directeur de cons-

cience ! Il ne vous a point accompagné?...
C'est mal faire son devoir.

— Il est resté à Fontainebleau, Sire,
parce qu'il est indisposé et qu'il...

— Il viendra demain, s'il n'est pas venu
ce soir, et nous l'entendrons prêcher dans
notre chapelle.

— Je l'ai laissé fort souffrant!... dit le
comte de Vermandois, qui frémissait à l'i-
dée du déplacement de l'abbé.

— C'est bien ; on l'enverra chercher
dans un bon carrosse. Mais vous ne m'a-
vez pas appris, monsieur, pour quel motif

vous vous intéressiez si fort à deux hérétiques, à deux rebelles, à deux hommes
condamnés à mort?

— J'avais ouï dire que leur grâce avait
été signée par Votre Majesté? répliqua le
prince, résolu de tenter un dernier effort
en cherchant à savoir si les lettres d'amnistie avaient passé sous les yeux du
roi.

— Moi, signer la grâce de pareils coupables!..... Je me souviens, au contraire,
que le comte de Chantemerle a été exclu
nominativement de l'amnistie que j'accor-
dai aux protestants du Dauphiné, à la demande de M. Colbert.

— Il paraîtrait, au contraire, Sire, que M. de Chantemerle avait été compris expressément dans l'amnistie, ainsi que le pasteur Jérémie Cornouailte...

— Je me rappelle ce nom-là !..... Il faudrait donc que M. Colbert eût surpris ma bonne foi et m'eût fait signer toute autre chose que ce que je pensais signer. On ne représente pas cependant ces prétendues lettres d'abolition...

— Non, sire, mais elles existent, ou du moins elles existaient, car M. l'abbé Cornouaille les a vues...

— L'abbé Cornouaille ! C'est précisément le propre frère du ministre huguenot

qu'on a condamné! On m'a déjà sollicité
pour cet hérétique, et je n'ai rien promis,
parce que madame de Maintenon m'a re-
commandé d'être inflexible. Eh bien! si
ces lettres existent, et qu'elles ne soient
pas fausses, elles auront force de loi, me
les eût-on surprises... Ce serait là une vi-
laine action de la part de M. Colbert!

— Mais, dans le cas où ces lettres ne
pourraient pas être représentées, Sire, et
qu'on les eût détruites...

— A coup sûr, je ne les signerai pas de
nouveau..... Nous entendrons demain le
sermon de l'abbé Cornouaille, et si madame la marquise de Maintenon est satis-
faite, on pourra commuer la peine du frère

de ce prédicateur, en le bannissant de France.

Le comte de Vermandois avait sur les lèvres le nom de M. de Chantemerle ; mais il ne le prononça pas : il était abattu et découragé ; deux larmes silencieuses coulaient lentement le long de ses joues.

— Je suis fâché que M. d'Humières ne soit pas présent ! dit le roi ; mais je n'attendrai pas davantage et vais me coucher.

— Sire, je présente respectueusement le bonsoir à Votre Majesté ! dit le prince en saluant pour se retirer.

— Bonsoir, monsieur ! répondit le roi. Vous entendrez demain la messe en ma présence, et nous verrons comment vous vous y comportez.

— Votre Majesté, répliqua le prince en revenant sur ses pas par une idée soudaine, Votre Majesté a-t-elle fixé le jour de mon départ pour l'armée ?

— Vous partirez, monsieur, d'un jour à l'autre, avec M. le maréchal, qui attend des nouvelles...

On gratta doucement à la porte, et le duc de Noailles qui, en sa qualité de capitaine des gardes, alla voir ce que c'était, introduisit le marquis de Louvois.

Celui-ci s'avança, la tête haute, l'air su-
perbe et farouche, jusqu'au fauteuil du
roi, auquel il présenta une dépêche ouverte.

— Il y a donc du nouveau, monsieur de
Louvois? lui dit Louis XIV en prenant la
dépêche.

Pendant que le roi lisait attentivement,
Louvois lança un regard sinistre au comte
de Vermandois, qui lui rendit un regard
de dédain.

Le ministre fit un pas pour aller droit
au prince, mais il se contint et détourna ,
la tête.

— Ah! voilà qui est bon, dit le roi : les Espagnols ayant commis plusieurs actes d'hostilité sur mes sujets, je suis tout autorisé à commencer les représailles, sans déclarer la guerre.

— Votre Majesté, dit Louvois, ne juge-t-elle pas convenable d'envoyer un *ultimatum* à la Conférence de La Haye, avant de faire envahir le territoire des Pays-Bas et investir Courtrai?

—Non, répondit le roi : puisqu'on s'obstine à ne pas rendre le comté d'Alost, le vieux bourg de Gand et les autres places que je réclame, en exécution du traité de de Nimègue, j'aime mieux me faire justice moi-même et occuper d'abord Courtrai et

Dixmude avec leurs dépendances. On sera bien forcé de me les céder, quand j'en serai maître.

— L'armée est prête à marcher, Sire, et l'investissement de Courtrai peut avoir lieu, anssitôt après le retour de M. le maréchal d'Humières à son quartier-général.

— Mais voyez donc ce que devient M. d'Humières? s'écria le roi avec impatience.

— Il partira cette nuit, si Votre Majesté l'ordonne, et demain soir l'armée se mettra en campagne.

— Vous êtes encore là, monsieur de

Vermandois ? dit Louis XIV, qui l'aperçut auprès de la porte.

— Sire, j'attendais vos ordres ! répondit respectueusement le prince, que Louvois se mit à toiser du regard.

— Vous partirez demain, monsieur, après la messe et les offices. Vous ne manquerez pas, sans doute, d'aller, au sortir de la messe, présenter vos hommages à madame la marquise de Maintenon ?

— Ne me permettrez-vous point, Sire, de passer par Paris, pour faire mes adieux à ma mère ?

Louis XIV fut désagréablement surpris

de cette demande, qui l'embarrassait d'autant plus qu'elle était faite devant plusieurs témoins, et que le prince attendait de sa part une réponse. Il fronça le sourcil, fit claquer sa langue contre son palais, serra les lèvres, et s'agita sur son fauteuil.

— La campagne va s'ouvrir demain soir, monsieur, répliqua le roi en lui faisant signe de sortir ; il serait honorable que vous fussiez présent aux premières opérations du siége de Courtrai. Je me charge de faire tenir de vos nouvelles à la personne... que vous seriez, d'ailleurs, fort empêché de voir. Allez, monsieur !

Le comte de Vermandois quitta la

chambre du roi, le cœur gros et l'âme ulcérée.

Mille pensées douloureuses se pressaient tumultueusement dans son esprit; les unes se rapportaient à sa mère, les autres à Louise.

Il éprouvait un amer découragement à s'éloigner d'elles, sans les avoir revues.

Il accusait aussi de dureté et d'injustice le roi et le père, en se disant qu'on lui refusait la consolation d'embrasser sa mère et qu'on le condamnait à s'humilier devant la marquise de Maintenon.

Il se rappelait, avec anxiété, que le sort

du comte Chantemerle était inexorable-
ment fixé, et que ce vieux gentilhomme
n'avait à attendre ni grâce ni pitié, s'il
tombait dans les mains des commissaires
du roi, délégués pour informer contre
les protestants du Dauphiné et du Languedoc.

De quelque côté qu'il portât sa vue, il
n'apercevait donc autour de lui que des
sujets d'inquiétude et de chagrin : il allait
s'éloigner de mademoiselle de Chantemerle, pour courir les hasards de la guerre,
et il la laissait, sans autre protection que
celle de Moufle, en face des dangers im-
minents qui menaçaient son malheureux
père!

Était-ce là ce qu'il avait promis à Louise,

en se séparant d'elle? Était-ce là ce qu'il
avait promis au comte de Chantemerle
lui-même?

Après les efforts inutiles qu'il avait faits
auprès du roi pour sauver cet infortuné,
il ne pouvait douter que la sentence qui
le condamnait à mort ne reçut une prompte
exécution, dès que le condamné serait à
la disposition du bourreau.

Vis-à-vis de cette situation pleine de
péril et d'angoisses, il ne se sentait plus
trop satisfait de partir pour l'armée, et il
s'interrogeait même pour savoir si ce départ ne serait pas au-dessus de ses forces.

Il était absorbé dans ces pénibles réflexions, quand il faillit être renversé par un homme qui montait fougueusement le grand escalier de marbre, pendant que lui, il le descendait à pas lents, sans regarder devant soi.

— C'est moi, monsieur le maréchal! dit-il, en retrouvant le premier sa présence d'esprit.

— C'est vous, monseigneur? répondit le marquis d'Humières, qui s'était heurté à lui avec assez de violence, pour en être étourdi et pour chanceler à reculons. Est-il possible que ce soit vous? ajouta-t-il, tout ému de surprise.

— Vous arrivez bien tard, monsieur, et

Sa Majesté commençait à être en peine de vous.

— Et vous, monseigneur, comment êtes-vous à Versailles, quand je vous croyais à Fontainebleau ?

— On fait la route plus vite à cheval qu'en carrosse, et vous aviez une grosse suite qui n'a servi qu'à vous retarder.

— Est-ce là, monseigneur, avoir des égards pour les gens ? s'écria le maréchal, déjà hors de lui et frémissant de colère.

— Je regrette, vraiment, de n'avoir pas voyagé avec vous, monsieur ! répliqua

froidement et dignement le comte de Vermandois, qui essaya de l'apaiser, sans
s'humilier à des excuses. Nous aurions
conversé ensemble pendant tout le chemin, et vous m'auriez enseigné le grand
art de la guerre que vous avez appris à
l'école de M. de Turenne.

— Hélas! monseigneur, s'écria le maréchal, que ce compliment avait un peu
calmé, le roi ne me pardonnera jamais!

— Le roi, monsieur, soupire après
votre arrivée, et il n'y a pas de temps
perdu, puisque M. de Louvois apporte à
l'instant les dépêches. La campagne va
s'ouvrir aussitôt que vous serez de retour
à l'armée.

— Je n'avais que faire de vous aller chercher à Fontainebleau! dit tristement le maréchal. Le moindre officier du roi eût mieux rempli cette commission, et je n'en aurais pas la honte.

— Monsieur le maréchal, répliqua le prince avec une franche et avenante cordialité, je vous sais un gré infini de cette démarche, et j'espère vous en marquer un jour ma reconnaissance. Je suis l'Enfant prodigue que vous avez ramené à son père.

— Ah! monseigneur, répondit le marquis d'Humières, touché de ces excuses et oubliant toute rancune, une fois à l'armée, je vais être dépositaire d'une sorte d'au-

torité paternelle sur Votre Altesse. Je
vous demande la permission de vous
traiter comme mon propre fils.

— C'est moi, monsieur le maréchal,
qui vous prie de m'autoriser à vous considérer comme un père!

Le marquis d'Humières, en ce moment,
se réconcilia tout à fait avec le comte de
Vermandois, et il se promit tout bas de
l'entourer, à l'armée, d'une sollicitude
toute spéciale.

Il se repentait d'avoir mal apprécié les
excellentes qualités de ce jeune prince, et
de ne lui avoir pas, en diverses circons-

tances, prêté autant de bienveillance qu'il aurait dû le faire.

Il se pencha pour lui baiser la main, avec émotion.

Le prince, qui avait mis cette main dans la sienne, prévint son intention, en l'embrassant lui-même d'un mouvement spontané.

Le vieux maréchal avait les larmes aux yeux, en le quittant pour se rendre chez le roi.

— Monseigneur! lui cria-t-il, du haut du palier, en s'approchant de la rampe :

si je pars cette nuit, ne vous plaît-il pas
de partir avec moi?

— Le roi a besoin de moi, demain,
monsieur le maréchal, répondit le prince,
qui lui sut gré de cette proposition ami-
cale ; mais vous ne m'attendrez guère, je
vous assure, car je veux entendre le premier coup de canon qui se tirera contre
les Espagnols.

— Arrivez donc, monsieur d'Humières!
dit rudement le marquis de Louvois qui
venait à la rencontre du maréchal. Le roi
s'impatiente et ne veut pas s'endormir,
sans vous avoir donné l'ordre de partir à
l'heure même.

XI

Le sermon.

Le comte de Vermandois ne reposa pas
de la nuit.

Il était obsédé par des fantômes funèbres et par de noirs pressentiments.

Dans ce demi-sommeil, plein de songes

et d'angoisses pénibles, il s'imaginait assister au supplice du comte de Chantemerle montant sur l'échafaud, il entendait tomber la hache avec un bruit sourd,
il voyait rouler la tête sanglante...

Il s'éveilla donc en sursaut, inondé
d'une sueur glacée et poussant des cris
inarticulés.

Un rêve non moins affreux succédait au
précédent.

C'était Louise de Chantemerle qui lui
apparaissait, la pâleur de la mort sur le
visage, les yeux hagards; elle le regardait avec indignation, elle l'accusait de

perfidie, elle lui envoyait, avec des gestes insensés, un éternel adieu.

Il se réveillait encore en lui demandant grâce, en s'accusant lui-même de l'avoir trompée.

Puis, quand il commençait à s'assoupir de nouveau, le cauchemar, qui ne lui laissait pas de répit, changeait d'aspect et de tortures.

Il était entouré de tentures de deuil; son lit se transformait en catafalque environné de cierges allumés; il devenait tout à coup froid et immobile comme un cadavre; il se sentait enveloppé d'un suaire; il avait perdu avec la chaleur le souffle et la voix; il s'efforçait d'implorer du secours; il évoquait tout ce qu'il avait de volonté pour échapper à la mort qui s'emparait de tout son être; mais il ne pouvait ni se mouvoir, ni prononcer une parole.

La conscience de la vie subsistait néanmoins dans son corps réclamé par la tombe; il avait même la douloureuse faculté de voir et d'entendre; mais ce qu'il voyait, ce qu'il entendait, ce n'était que la prolongation de la plus horrible agonie.

On chantait pour lui l'office des morts; pour lui on creusait une fosse, et chaque coup de pioche retentissait dans son

cœur ; pour lui on sonnait la cloche des
trépassés.

Cette épouvantable situation dura jusqu'au jour, et lorsqu'il rouvrit ses paupières pesantes aux premières lueurs du
jour, il croyait être étendu dans son
cercueil doublé de velours noir et garni
de clous dorés.

Il se leva rompu de fatigue et accablé
d'une vague et amère tristesse.

Le sieur de Périgny, qui avait couché
dans la chambre du prince pour la
première fois, à la place du premier
valet de chambre, n'avait pas dormi

d'un sommeil plus calme que celui de son maître.

Il s'était vu sans cesse en lutte avec Moufle, ce rival redoutable qu'il se flattait pourtant d'avoir supplanté.

Cette lutte avait pris, dans les rêves du sous-gouverneur, les proportions les plus gigantesques, et en même temps les caractères les plus extravagants.

Tantôt Moufle se montrait à lui sous la figure d'un Titan, et lui offrait de combattre corps à corps, tandis qu'il se voyait réduit à la taille d'un Pygmée.

Tantôt Moufle se faisait souris et renard pour pénétrer dans l'appartement du prince.

Tantôt ce Moufle endiablé paraissait à la tête d'un escadron de sorcières armées de verges.

Tantôt, enfin, Moufle se métamorphosait en serpent, en dragon ailé, et toujours il avait l'avantage sur l'infortuné Périgny, qui gémissait de ne jamais parvenir à être seul possesseur des bonnes grâces du prince.

— Croyez-vous aux songes? demanda le prince, en s'habillant, à M. de Périgny, qui ne le quittait pas plus que son ombre.

— J'aime mieux n'y pas croire! répondit le sous-gouverneur avec un profond soupir. Votre Altesse ne retournera point à Fontainebleau avant que de partir pour l'armée de Flandre?

— Je ne sais, reprit distraitement le prince. Moufle doit m'écrire et je dois écrire à M. l'abbé Cornouaille.

— J'ai grand'peur, monseigneur, que ce valet de chambre ne vous écrive pas, et qu'il ne prenne cette occasion de venir.

— Non, il ne reviendra pas, dit le prince, qui se répondait à lui-même, comme si le sieur de Périgny n'était pas là pour l'écouter. Sa lettre, d'ailleurs, ne me trouvera plus ici, puisque je pars dans l'après-dînée.

— Je voudrais que Votre Altesse fût déjà partie, car M. Moufle, sans doute, ne nous importunera plus.

— Laissez là Moufle, monsieur de Périgny, interrompit le comte de Vermandois avec vivacité, et mettez-vous en quête des nouvelles pour les rapporter.

Quand il se fut débarrassé ainsi de son sous-gouverneur, il se mit à écrire ; il écrivit à Louise, à Moufle et à l'abbé Cornouaille.

Il faisait part à l'abbé des dispositions
du roi à l'égard du comte de Chantemerle,
et il le priait de conduire à Lille les deux
protestants, sous le déguisement d'officiers
de sa maison.

Il suppliait Louise de compter sur le
serment qu'il lui avait fait en partant, et
il l'encourageait à la patience et à la rési-
gnation.

Il ordonnait à Moufle de redoubler de
vigilance dans la garde du précieux dépôt
qu'il lui avait confié.

Ces lettres écrites, il se vit dans l'im-
possibilité de les envoyer d'une manière
sûre et prompte ; il les cacha dans sa

poche, après les avoir cachetées, et il se demanda s'il ne devait pas les porter lui-même à leur adresse.

Il avait d'ailleurs laissé toute sa maison à Fontainebleau, et il ne s'était pas même chargé de l'argent que sa mère lui avait envoyé pour ses équipages.

Il est vrai que le roi avait pourvu à tout sous ce rapport, en lui donnant les plus beaux chevaux, les plus riches habits, les plus magnifiques armes. Louis XIV avait voulu qu'il parût à l'armée avec le luxe d'un fils de France.

Le comte de Vermandois, dès son lever, avait eu l'idée de faire visite à son beau-frère le prince de Conti et à sa sœur, qui était la femme de ce prince ; mais celui-ci était parti en poste pour l'armée avec le prince de la Roche-Guyon, peu d'heures après le maréchal d'Humières.

Quant à la princesse de Conti, elle avait eu tant d'émotion en voyant partir son mari, qu'elle se trouvait fort incommodée, à ce point qu'elle envoya demander au roi la permission de ne point descendre à la chapelle ; elle fit dire à son frère qu'elle le priait de ne pas venir avant qu'elle fût un peu rassise et reconfortée.

On venait, d'ailleurs, de sonner la messe du roi.

Louis XIV entendait la messe tous les jours, dans la tribune haute de la chapelle, qui était à cette époque dans la partie du château où fut construite depuis la salle de spectacle.

La grande chapelle, qu'on admire encore aujourd'hui comme le chef-d'œuvre de l'architecture de Mansart, n'était pas bâtie, quoique les plans eussent été déjà adoptés par le roi; mais les travaux ne commencèrent qu'en 1699.

L'ancienne chapelle était beaucoup plus petite, mais aussi richement décorée que la nouvelle.

Elle ne pouvait contenir que l'élite de

la cour, les plus grands seigneurs et les plus grandes dames, qui s'empressaient de s'y montrer avec affectation lorsque le roi descendait en bas et allait s'asseoir dans son banc, à la droite de l'autel, ce qui avait lieu tous les dimanches et aux grandes fêtes.

Louis XIV tenait registre des personnes qui assistaient aux offices, et il ne pardonnait pas à des absences trop réitérées.

Il faisait lui-même la police, pour ainsi dire, pendant les cérémonies du culte, et imposait silence d'un coup d'œil foudroyant, à tous ceux qui parlaient entre eux au lieu de prier.

Car il distinguait, d'un bout à l'autre de l'église, le plus léger bruit d'une voix se mêlant à celle du prêtre à l'autel, et il allait aussitôt chercher du regard dans l'assemblée l'imprudent qui avait troublé la cérémonie.

Malheur à quiconque avait été surpris en flagrant délit de chuchotement! il tombait dès-lors dans la disgrâce du roi, et ne s'en relevait que par une rigoureuse assiduité à la chapelle et par une contenance édifiante durant les offices.

Louis XIV entra dans la chapelle avant que le prêtre fût à l'autel.

Il salua humblement le crucifix, en prenant de l'eau bénite et en se signant.

Puis il alla, d'un pas lent et majestueux, se placer dans son banc, suivi de l'aumônier de jour ou de service, qui reçut des mains du roi le chapeau et les gants de Sa Majesté, qu'il devait tenir jusquà la fin de la messe.

Le roi s'agenouilla sur son prie-Dieu, et, sans s'informer si la messe était commencée, il se mit à dire son chapelet.

« Il n'en savait pas davantage » si l'on en voulait croire saint Simon; mais Louis XIV trouvait plus commode et plus facile de débiter ses patenôtres machinalement, que de suivre, un livre d'Heures à la main, les prières de l'officiant.

Dès que le roi fut à sa place, la chapelle était déjà pleine de monde, les hommes et les femmes *en grand habit*, les dernières affectant néanmoins de s'envelopper de coiffes, d'écharpes et de voiles noirs à l'instar de madame de Maintenon, quoique le grand deuil de cour eût cessé justement ce jour-là même et fût remplacé par le petit deuil qui commençait avec le quatrième mois.

Cependant, les services pour la reine défunte n'étaient pas encore faits dans les paroisses de Paris, et les oraisons funèbres n'avaient pas encore été prononcées.

Le roi avait quitté le grand deuil violet pour reprendre son habillement ordinaire de couleur brune foncée, sans broderies et sans galons, avec le cordon bleu sur la veste de velours noir.

Un des aumôniers du roi, l'abbé Lavocat, disait la messe et se hâtait de la dire, car le roi n'entendait pas qu'une messe basse durât plus d'un quart d'heure.

Les assistants étaient à genoux, sans exception, et personne, excepté le roi et les princes, n'avait le droit de s'asseoir.

Louis XIV n'usait de ce droit que dans les grandes messes en musique, et il se reprochait de donner le mauvais exemple, bien que son confesseur, le père La Chaise, essayât de le tranquilliser à cet égard.

Le confesseur se tenait habituellement, à la messe du roi, derrière son auguste pénitent, auquel il adressait quelquefois la parole pour l'inviter à se reposer en s'asseyant.

Ce dimanche-là, le père La Chaise, revêtu du surplis sous le manteau, et le bonnet carré sur la tête, était à son poste.

— Sire, dit-il tout bas au roi, que Votre Majesté daigne se mettre dans son fauteuil, au lieu de rester à genoux.

— Mon père, répondit le roi en se retournant vers le jésuite, ne faites point attention à cela; je veux m'humilier devant Dieu, car j'ai besoin grandement de l'assistance divine.

Louis XIV avait remarqué avec satisfaction que le comte de Vermandois était au banc des princes du sang.

Mais il remarqua aussi avec dépit que le prince avait l'air distrait plutôt que recueilli et tournait souvent les yeux vers l'entrée de la chapelle comme s'il attendait quelqu'un.

Sur ces entrefaites, le sieur de Périgny arriva, échangea un signe d'intelligence avec le prince, et se glissant de place en place, finit par approcher de son maître, qui se pencha vers lui en lui parlant à voix basse.

Le roi n'avait pas perdu un de leurs mouvements, et il saisit, grâce à sa finesse d'oreille, quelques mots du prince à son sous-gouverneur.

— Vous partirez en avant avec mes équipages, avait dit le comte de Vermandois.

— Monseigneur, avait répondu le sieur de Périgny, que cet ordre avait consterné, ne vaut-il pas mieux que j'attende Votre Altesse?

— Obéissez! partez! avait répliqué le

prince, irrité d'un pareil débat sous les yeux du roi.

Louis XIV, en effet, paraissait fort mécontent.

Il frappa du bout des doigts sur l'appui de son prie-Dieu, et il lança un regard indigné à M. de Périgny, qui se courba en deux et se cacha la figure, pour échapper à ce coup d'œil terrible.

Le comte de Vermandois était retombé dans sa distraction et dans sa rêverie.

Il avait les yeux fixés sur l'officiant, mais il ne voyait rien de ce qui se passait à l'autel, et il oubliait la messe.

Il priait pourtant avec ferveur : il priait pour Louise, il priait pour sa mère !

Des larmes coulaient le long de ses joues et il se rappelait involontairement, à travers ses oraisons mentales, les rêves affreux qui avaient assailli son sommeil comme de lugubres reflets de l'avenir.

Il ne se serait point aperçu que la messe était achevée, si le sieur de Périgny ne l'avait averti que le roi semblait vouloir lui parler. Ce fut en tremblant que le prince s'avança vers son père à la sortie de la chapelle.

— Vous feriez bien, monsieur, d'entendre une seconde messe, lui dit Louis XIV,

avec une froide sévérité, car celle-ci ne
compte pas.

— Sire, répondit le prince en rougissant, je vous jure que j'ai prié aussi fer-
vemment que possible.

— Au reste, monsieur, c'est votre affaire
et non la mienne, je ne m'étonne plus si
vous êtes plein de bonne volonté pour les
hérétiques et les ennemis de notre divine
religion !

— Sire ! reprit le jeune homme, troublé et confus à cette allusion que lui seul
pouvait comprendre, et qui avait trait à sa
démarche de la veille en faveur du comte

de Chantemerle. J'appartiens à une trop
sainte mère pour n'être pas fort attaché à
ma religion.

— Ne tardez pas davantage de vous présenter chez madame de Maintenon, qui
veut bien vous accorder audience. Mais,
si vous tenez à son estime, ne lui dites pas
comment vous vous comportez à l'église.

Et le roi passa outre, sans lui adresser
une parole affable et consolante, au moment de se séparer peut-être pour toujours
de ce fils qu'il envoyait à la guerre, après
une disgrâce et un exil de dix mois. C'é-
tait Louvois qui avait ravivé, avec une
malice infernale, les préventions et l'ani-

mosité de Louis XIV contre le fils de madame de La Vallière.

Le prince s'éloigna, la tête basse, avec un douloureux serrement de cœur.

Il alla, sans prendre le temps de se remettre, à l'appartement de madame de Maintenon, qui n'avait point assisté à la messe du roi, parce qu'elle préférait entendre la messe à la maison de Saint-Cyr, où elle se rendait tous les matins.

Elle ne faisait que d'arriver à Versailles, et elle s'était déjà installée dans sa grande chambre, pour y recevoir le jeune prince qu'elle attendait à midi sonnant.

Une audience de la marquise de Maintenon était chose si rare, même pour les
princes et princesses du sang, à l'exception de son favori le duc du Maine, qu'on
avait auguré de cette audience accordée
au comte de Vermandois, que ce prince
rentrait complètement en grâce auprès
du roi.

On lui avait donc fait l'accueil le plus
empressé et le plus adulateur avant la
messe, et il s'était vu entouré de compli-
ments, de révérences et de politesses, de
la part de gens qu'il ne connaissait pas ou
qui s'étaient toujours montrés peu bien-
veillants pour lui. Mais au sortir de la
messe, la scène changea.

On avait conclu des reproches du roi à

son fils et surtout de l'air dur avec lequel ces reproches lui furent adressés, que la disgrâce du prince était plus complète et plus irrévocable que jamais.

Alors on s'était écarté de lui comme d'un pestiféré, on lui avait tourné le dos on l'avait laissé avec son sous-gouverneur.

— Quoi! monsieur, vous n'êtes point encore parti! dit le prince que l'obsession de Périgny mettait au supplice.

— Mais, monseigneur, répondit le sous-gouverneur, puisque Votre Altesse doit partir elle-même après le salut...

— Je vous ai donné mes ordres, monsieur, et si vous ne les suivez pas, je trouverai quelqu'un qu'y si conformera mieux.

— Mais, monseigneur, il est midi, et le salut ne se prolongera pas au-delà de trois heures...

— Ecoutez, monsieur de Périgny, dit le prince en le regardant avec calme : partez avec mes équipages et allez bon train jusqu'à Compiègne, c'est là que je dois vous rejoindre, et vous m'attendrez s'il le faut. Adieu.

— Mais, monseigneur, Votre Altesse ne peut s'en aller seule par les chemins comme un coureur d'aventurés...

— Mon cher Périgny, quand il s'agira de se battre, vous aurez toute liberté de m'accompagner, et je vous mènerai loin, je vous assure. Je vous ai dit ma volonté, et je pense qu'il ne faudra pas vous la redire.

— Que Votre Altesse me permette encore un mot, dit le sieur de Périgny en revenant sur ses pas : M. Moufle n'est point ici, et ce n'est pas lui qui aura l'honneur de partir avec Votre Altesse !...

— Diable d'homme ! dit le prince en haussant les épaules et s'éloignant : il consentirait à mourir deux fois, pourvu que Moufle s'engageât à mourir une fois pour toutes.

Le comte de Vermandois fut introduit chez madame de Maintenon par des valets affidés, qui saluaient jusqu'à terre, ne regardaient personne en face et ne parlaient jamais à haute voix.

Nanon, la vieille gouvernante de madame Scarron, espèce de fée que l'on considérait à la cour comme une puissance mystérieuse qui ne relevait que de sa maîtresse, faisait sentinelle, pour ainsi dire, assise dans une antichambre.

— Elle était vêtue, coiffée, guimpée et embéguinée de même que la marquise de Maintenon, qu'elle s'étudiait à copier jusque dans son maintien et dans son accent.

Elle ne travaillait pas à sa tapisserie, en raison de l'observation du dimanche, mais elle lisait, lunettes sur le nez, ou plutôt elle était censée lire, car elle ne savait même pas son alphabet.

Le prince, préoccupé et inquiet, s'imagina qu'il était en présence de madame de Maintenon elle-même, et il salua très respectueusement cette Nanon, devenue mademoiselle de Balbien.

— Madame! lui dit-il, d'autant mieux affermi dans son erreur, que mademoiselle de Balbien était comme ensevelie dans ses coiffes et qu'il ne distinguait pas un trait du visage de cette vieille momie.

— On vous attend, monsieur! lui dit-
elle d'un ton grave et compassé. Vous êtes
en retard de dix minutes.

— Je vous prie de vouloir bien m'excuser, dit-il, découragé par cet accueil gla-
cial, j'étais à la messe du roi.

— On sera bien aise d'apprendre que
vous allez à la messe, car le roi disait ce
matin que vous étiez devenu quasi-hu-
guenot.

— Moi, madame! s'écria le comte de
Vermandois étonné et chagrin. Il faut que
j'aie de furieux ennemis!

— Vous n'avez jamais eu, monsieur, de

plus dangereux ennemi que vous-même,
car on a raconté de terribles choses sur
votre commerce avec ces détestables templiers, qui mériteraient d'être brûlés vifs.

— Vous êtes, madame, d'un trop grand
esprit et d'un cœur trop généreux pour
ajouter foi...

— Voilà bien ce que je disais à la marquise ! dit mademoiselle de Balbien qui ne
s'apercevait pas du quiproquo et qui ac-
cepta pour son propre compte l'éloge que
le prince croyait adresser à madame de
Maintenon.

— Veuillez, je vous prie, m'introduire

chez madame de Maintenon, dit le prince, honteux de sa méprise.

— Madame, dit mademoiselle de Balbien, qui ouvrit la porte de la chambre où se tenait sa maîtresse, c'est M. le comte de Vermandois qui sort de la messe, et qui s'excuse du retard.

La marquise de Maintenon, qui était assise, le dos tourné à la fenêtre, le livre de prières à la main, ne se remua pas et n'eut pas l'air de faire attention à l'arrivée du prince.

Celui-ci s'approcha jusqu'à trois pas d'elle, en lui faisant plusieurs saluts très respectueux.

La chambre se trouvait alors plongée dans une demi-obscurité, qui ne permettait guère de distinguer les objets, avant que l'œil se fût accoutumé à ce jour faux et incertain, que laissaient à peine filtrer les volets entre-bâillés et les triples rideaux fermés.

On pouvait supposer que madame de Maintenon eût été bien en peine de lire dans le livre dont la lecture semblait l'absorber.

On ne voyait rien de sa figure qu'elle cachait sous un amas de coiffes et d'écharpes, de guipures et de dentelles noires, comme si elle eût voulu se rendre invi-

sible à ceux-là même qui étaient admis en
en présence.

On n'apercevait, revivant en elle, que
ses deux mains exquises de forme, encore
grasses et potelées, d'une blancheur écla-
tante, qui tranchait d'avantage sur le noir
mat des vêtements de laine où elles s'éta-
laient comme en relief.

Du reste, aucune apparence de taille,
de silhouette humaine, de corps animé,
sous les plis amples et abondants de l'é—
toffe qui enveloppait cette espèce de
fantôme féminin.

Cependant madame de Maintenon n'a-

vait pas plus de quarante-huit ans à cette
époque ; elle était toujours belle, du moins
à distance, et elle aurait pu montrer, à
à son avantage, cette noble et imposante
beauté de matrone qui la caractérisait, et
qu'elle conserva tant que ses cheveux et
ses dents ne l'abandonnèrent pas.

Elle avait aussi, ce qui excita surtout
l'admiration de ses contemporains, un
port de reine et une gorge de déesse,
qu'elle s'appliquait à dissimuler par mo-
destie et par humilité.

Madame de Maintenon paraissait être
seule dans sa chambre.

Vis-à-vis d'elle, le fauteuil du roi restait

vide et comme prêt à le recevoir ; mais, au fond de l'alcôve, on entendait par moments une petite toux sèche qui accusait la présence d'un tiers et qui évitait de devenir importune.

Si le regard avait pu pénétrer jusqu'à l'endroit d'où partait cette toux à retour périodique, il aurait aperçu quelque chose de maigre, de noir, de jaune, d'osseux, de luisant, qui devait être un visage de femme et qui ressemblait à une tête de mort entourée de crêpes et d'oripeaux funéraires.

C'était madame la marquise de Monchevreuil, l'amie, la favorite, la confidente de madame de Maintenon.

— Madame, dit le prince en s'inclinant de nouveau, Sa Majesté m'a permis de venir prendre congé de vous... Je vous remercie d'avoir bien voulu m'accorder quelques instants d'audience.

— Vous allez partir, monsieur? reprit madame de Maintenon d'un accent impérieux, sans bouger et sans regarder du côté du prince.

— Cette après-dinée, madame, à la sortie du Salut.

— Il n'est pas convenable que vous partiez avant que votre gouverneur, M. le marquis de Monchevreuil, soit en état de vous accompagner...

— M. de Monchevreuil est allé pour ses affaires à Orléans, madame... En tout cas, je suis accompagné du sous-gouverneur, le sieur de Périgny, et j'obéirai aux ordres du roi.

— Je l'entends bien ainsi. Au reste, M. de Monchevreuil ne saurait tarder. Vous irez donc au salut, et vous entendrez le sermon que nous prêchera votre directeur de conscience.

— M. l'abbé Cornouaille! s'écria le prince avec stupeur. Il est resté malade à Fontainebleau.

— On n'est jamais malade, quand il

s'agit d'obéir au roi ! L'abbé Cornouaille doit être déjà rendu à Versailles.

— Avez-vous, madame, des ordres à me donner ? dit le comte de Vermandois, troublé et cherchant contenance.

— Oui, monsieur, et vous verrez que je ne vous veux que du bien, puisque je me suis imposé la réserve de ne rien dire au roi. J'ai su de très bonne source que vous n'aviez pas tout le respect qu'il faut pour monseigneur...

— Je ne m'explique pas trop, madame, quel est ce manque de respect dont je serais coupable envers le Dauphin...

— Si le roi le savait, monsieur, il ne
vous eût pas pardonné, et même il vous
aurait obligé à faire amende honorable
vis-à-vis de monseigneur...

— Est-ce M. le Dauphin qui s'est plaint
à vous, madame? dit le prince qui se rappela son altercation avec le Dauphin dans
la forêt de Fontainebleau. Ce ne serait ni
généreux, ni honnête de sa part.

— Encore un coup, monseigneur n'a
pas fait de plainte là-dessus, et vous devez
lui en savoir beaucoup de gré; car certes
le roi ne souffrirait pas que vous cher-
chassiez querelle au Dauphin.

— Le Dauphin est mon frère, madame,

et entre frères il y a quelquefois des dif-
férends qui ne tournent point à consé-
quence.

— Témoin le différend de Caïn et d'A-
bel ! dit-elle en faisant briller un œil malicieux au fond de ses coîffes.

— Ah ! madame, je n'ai pas mérité cette
comparaison !... Si j'ai pu dire ou faire
quoi que ce soit qui ait blessé le Dauphin,
je m'en excuse et le regrette, car il n'est
pas dans ma pensée d'offenser personne.

— Pensez-y ! que pareille chose se re-
nouvelle et le roi en sera instruit, fût-ce
par moi-même, car le Dauphin est le Dau-

phin, et vous n'êtes, vous, qu'un enfant... qui a causé bien des ennuis à Sa Majesté.

— Est-ce là tout ce que vous avez à me dire, madame ? reprit le comte de Vermandois, impatient de se retirer.

— Je voulais vous demander encore pourquoi votre premier valet de chambre a fait acheter, de ses deniers sans doute, une maison des champs qui appartenait à madame la marquise de Monchevreuil ?

— Madame ! répondit le prince qui avait pâli et s'était troublé à cette question imprévue, je ne sais ce que mon premier valet de chambre fait ou ne fait pas !... Je

m'en informerai, s'il vous plaît de le savoir.

— Point, je le saurai d'autre part, si la
chose est d'importance. Je ne comprenais
pas pour quel usage votre premier valet de
chambre avait acquis cette maison isolée
dans la forêt de Fontainebleau.

— Mon valet de chambre est en pauvre
état, reprit le comte de Vermandois, qui
avait rappelé à lui sa présence d'esprit :
sa santé est fort altérée, à ce point qu'il
m'a prié de lui accorder un congé...

— Bien ; le roi décidera si ce domesti-
que est l'homme qu'il faut pour votre ser-

vice. On le dit sans religion, et il a souvent manqué la messe et les offices depuis un mois et plus, et vous aussi, monsieur.

— Madame, j'ai été fort malade depuis un mois, et M. Moufle m'a donné des soins extraordinaires...

— Il suffit. Je n'ai plus qu'une observation à vous faire, monsieur, et j'estime que vous y aurez quelque égard.

— Je recevrai avec respect, madame, les conseils que vous voudrez bien m'octroyer, au lieu et place de ma mère !

— Votre mère ! s'écria la favorite qui se

fit violence pour rester calme. Vous êtes bienheureux qu'elle fasse pénitence et qu'elle prie pour vous !

— C'est une sainte femme! dit-il avec une chaleureuse admiration qui n'admettait ni réplique ni controverse.

—Vous avez eu le malheur de participer aux horreurs et aux impiétés des Templiers...

— Oh ! madame, interrompit le jeune homme avec une noble indignation, vous êtes bien prévenue contre moi.

— Je ne sais ce qui en est de ce qu'on

rapporte à ce sujet; mais, quoi qu'il en soit, j'aimerais mieux, par exemple, voir mourir chrétiennement M. le duc du Maine, que de le croire coupable de tels péchés.

— Eussé-je péché, madame, comme vous dites, repartit noblement le prince, tout serait effacé par l'absolution d'un prêtre... mais je vous jure que vous avez été mal informée, et que je ne suis pas si coupable...

— J'arrive au but. On prétend que vous auriez été séduit par les complots de quelque hérétique...

— Moi! madame! Je suis bien malheu-

reux d'être exposé de la sorte à de lâches
et honteuses calomnies !

— On assure que vous êtes plein d'in-
dulgence et de sympathie pour les ennemis de la religion et du roi...

— Il n'y a rien de vrai là-dedans, madame, si ce n'est que j'ai demandé la grâce
du comte de Chantemerle.

— Un bien méchant homme, qui a souf-
flé l'esprit de révolte parmi les protestants
du Dauphiné.

— J'atteste, madame, que ce sont là
d'insignes faussetés, et que M. de Chantemerle...

— Qu'en savez-vous, monsieur ? interrompit-elle d'un ton haut et menaçant. Il est étrange que vous, prince du sang, légitimé en France, vous osiez contrecarrer les ordonnances du roi contre les hérétiques!

— Dieu m'en garde! madame; j'ai supplié seulement le roi de faire grâce...

— On ne fait pas grâce à un rebelle, à un hérétique, à moins qu'il ne se convertisse! Mais songez, monsieur, à ne vous mêler en rien des affaires de la religion; autrement... J'en ai dit assez là-dessus, vous pouvez vous retirer, et que Dieu vous ait en sa sainte garde!

Le comte de Vermandois, ému, indigné,
la poitrine gonflée de sanglots, fit quelques pas pour sortir.

Madame de Maintenon avait repris son
immobilité silencieuse et sépulcrale, avec
sa lecture ou sa méditation.

— Ah! madame, lui dit en soupirant le
prince qui faisait un pas vers elle, vous
êtes remplie de charité chrétienne pour
les pauvres et pour les malheureux; serez-
vous donc cruelle et injuste pour moi
seul?

— Monsieur de Vermandois! répondit
madame de Maintenon, après un temps

d'arrêt et réflexion, menez une vie honorable en réparation du passé, et choisissez
pour exemple M. le duc du Maine, qui est
un modèle de vertu, de piété et de raison.

— Je vous remercierais, madame, si
vous obteniez de Sa Majesté que je ces-
sasse d'avoir le titre de prince du sang et
que je devinsse un simple officier de fortune, marié à la fille de quelque brave
gentilhomme!

En prononçant ces mots avec une amère
et profonde désillusion, le comte de Vermandois salua de nouveau et sortit précipitamment, sans regarder mademoiselle
de Balbien qui le guettait au passage.

— Monsieur, lui dit-elle, allant à sa rencontre, j'ai prié Dieu pour vous, afin qu'il vous fasse la grâce de mourir réconcilié et en état de grâce !

— Mourir ! répéta le prince, frappé de cette bizarre fantaisie de dévote ; ce serait le moyen, en effet, de rendre tout le monde satisfait, excepté Louise... et ma mère !

Il fut exact au salut, et il s'efforça de dominer ses préoccupations profanes.

Le roi, qui le regardait, ne fut pas trop mécontent de son air et de son maintien.

Madame de Maintenon, cachée dans sa

tribune haute, le regardait aussi à travers les coiffes où elle était comme retranchée dans une ombre mystérieuse et lugubre.

Le comte de Vermandois fut près de défaillir quand il vit l'abbé Cornouaille monter en chaire.

L'apparition d'un fantôme ne l'aurait pas plus effrayé.

Il était pâle et tremblant. Il eut le fatal pressentiment d'un malheur.

Il se remit pourtant, au regard consolant que lui adressa le prédicateur en lui montrant le ciel, et se sentit capable d'écouter le sermon.

Ce sermon, tiré de l'évangile du jour, fut un touchant et pathétique morceau d'éloquence, débité avec autant d'onction que de force, d'une voix douce et pénétrante, sous la double inspiration du cœur et de la religion.

Louis XIV était charmé.

Madame de Maintenon ne perdait pas une parole de l'orateur sacré, lorsque celui-ci, qui avait devant lui le fils de madame de La Vallière et du roi, fut entraîné à faire allusion à ce jeune prince, dans une péroraison que tous les assistants entendirent avec un trouble et un embarras que leur communiquait la présence de Louis XIV.

— Mon Dieu! dit l'abbé Cornouaille en élevant ses mains et ses regards vers la voûte de la chapelle, je vous demande, avec l'espoir d'être exaucé, je vous demande aujourd'hui de jeter les yeux sur le noble et précieux dépôt qui m'a été confié par une mère, la plus digne entre les mères, la plus malheureuse entre les femmes, la plus méritante entre les pécheresses! Ce dépôt, c'est une âme, c'est une vie, la vie d'un prince, l'âme d'un chrétien!... Que suis-je, hélas! pour une si grande tâche, moi qui n'ai pas même le pouvoir de sauver les jours de mon frère, moi qui ne saurais pas, de ce frère aveugle et perdu dans l'hérésie, faire un catholique converti et pardonné!... O mon Dieu! voici que ce pauvre enfant s'en va braver

la mort parmi le tumulte des armes! Je
voudrais être sa cuirasse et son bouclier,
afin de remplir le vœu de sa mère! Il ne
m'appartient pas de le suivre au milieu de
la mêlée sanglante; mais vous l'y suivrez,
Seigneur! Répondez-moi du cœur, je vous
réponds de l'âme. Cette âme, cette belle
âme où se reflètent, comme dans un pur
miroir, les douces et angéliques vertus de
sa pieuse mère, les hautes et glorieuses
inspirations de son auguste père; cette
âme d'élite fera un grand prince et pourra
faire un grand roi, pourvu que la Provi-
dence, Sire, veille sur le bon grain qu'elle
a semé et ne brise pas l'épi avant la mois-
son! La guerre, qui fait la gloire des rois,
fait aussi le désespoir des mères. O mon
Dieu! je mets sous ta main protectrice

cette noble tête de jeune homme , qui s'en va résolûment affronter tous les périls! Fais descendre du ciel, à ses côtés, un ange gardien, pour détourner de lui les flèches de la mort, pour éclairer les embûches des méchants, pour récompenser la mère dans la personne de son fils!...

Louis XIV se leva brusquement et ne laissa pas le prédicateur reprendre le fil de sa période.

Il était agité, sombre, menaçant.

Tout l'auditoire s'empressa de se lever aussi et de suivre le roi hors de la chapelle, tandis que l'abbé Cornouaille restait

dans sa chaire, le bras tendu, la bouche
ouverte, l'œil éteint, ne se rendant pas
compte de ce qui avait lieu autour de lui.

Le comte de Vermandois avait été entraîné par le torrent ; il était vivement
impressionné par la pensée de sa mère,
que l'orateur avait fait intervenir dans ce
discours.

Il se trouva derrière le roi, au moment
où Louis XIV se rencontrait avec madame
de Maintenon qui s'était hâtée de le rejoindre.

— Eh bien ! madame, dit le roi avec un
air courroucé, que vous semble de notre
nouveau prédicateur ?

— On lui avait fait sa leçon, répondit froidement la marquise de Maintenon ; c'est du scandale qu'on voulait.

— On s'y prend bien mal, murmura le roi en branlant la tête, pour me recommander les gens !

Il aperçut le comte de Vermandois, dont le visage portait encore la trace des larmes qu'il avait versées à la fin du sermon.

Il le regarda fixement, en s'animant tout bas à le rendre responsable des paroles de son directeur de conscience.

— M. l'abbé Cornouaille est un prédi-

cateur éloquent, lui dit-il; mais s'il sait
bien parler, il devrait aussi savoir se
taire!... N'avez-vous pas eu auparavant
connaissance du sermon qu'il vient de
nous faire?

— Non, Sire, répondit le prince avec
candeur; il m'a fort ému en me parlant de
ma mère...

— Vous allez partir pour l'armée, interrompit le roi d'un ton rude et sévère;
vous partirez ce soir, dès que M. le marquis de Monchevreuil, que nous attendons
de Fontainebleau, sera enfin arrivé...

— Sire! reprit timidement le comte de

Vermandois, Votre Majesté veut-elle me donner sa bénédiction ?...

— Je vous la donne volontiers, monsieur, à condition que vous serez sage et remplirez exactement vos devoirs de religion.

— Sire, ajouta le jeune homme, qui eut le cœur serré en recevant cette étrange bénédiction d'un père, quand on s'en va en guerre, on n'est pas sûr de revenir... Votre Majesté me permettra-t-elle de passer par Paris, pour y voir ma mère et lui faire mes adieux?

— Allez-y, si telle est votre envie! dit

le roi avec impatience, en cherchant le regard de madame de Maintenon, qui leva
un peu ses coiffes pour lui adresser un
coup d'œil expressif.

— Votre Majesté trouvera bon sans doute
que je parte immédiatement pour Paris,
où M. de Monchevreuil...

— Partez, monsieur! dit vivement le
roi en lui tournant le dos ; partez, et allez
où il vous plaira!

FIN DE LA TROISIÈME PARTIE.

QUATRIÈME PARTIE

1

Le Mercure galant.

Louise de Chantemerle, loin de s'être consolée depuis le départ de Louis Breton, avait donné sans cesse de nouveaux aliments à sa douleur, en se rappelant sa dernière entrevue avec lui.

Elle ne pouvait s'empêcher de regarder leur séparation comme éternelle. C'était un fatal et lugubre pressentiment qui s'élevait, ainsi qu'un nuage noir, au-dessus de l'horizon lumineux de son bonheur.

Elle comprit dès-lors combien elle aimait ce jeune homme, puisqu'elle ne trouvait plus la vie possible loin de lui, puisque sans lui elle eût volontiers renoncé à vivre.

Elle ne fut point effrayée de cet amour, qui s'était emparé d'elle à son insu, et qui l'absorbait désormais tout entière.

Elle se sentait rassurée à l'égard de son père, et elle ne soupçonnait pas que cette

précieuse tête fût encore exposée à quelque péril, car elle avait une aveugle confiance dans la parole de Louis Breton, et
elle n'imaginait aucune circonstance qui
pût prévaloir contre sa volonté de veiller
à la fois sur le père et la fille.

Elle éprouvait même une secrète satisfaction à pouvoir se dire que, grâce au dévoûment de ce noble jeune homme qui
devait être son époux, et qu'elle considérait déjà comme tel, le comte de Chantemerle se voyait à l'abri des persécutions
religieuses.

Elle s'abandonnait donc exclusivement
à cette reconnaissance, qui n'était qu'une

des formes les plus expressives de son amour.

Mais, moins elle pensait avoir à craindre pour le vieillard, qu'elle supposait retourné en Dauphiné et tranquille dans son château, plus elle ressentait de craintes au sujet du jeune homme qui l'avait quittée pour se jeter à travers les hasards de la guerre.

Elle se disait alors avec effroi que les armes pourraient être funestes à ce courage imprudent, et elle accusait Louis Breton d'avoir ainsi disposé d'une vie qui ne lui appartenait plus, qui n'appartenait qu'à elle seule; elle l'accusait bientôt de ne savoir pas aimer, et elle eût voulu, croyait-elle, lui retirer une affection dont il n'était pas digne.

Mais ce n'étaient là que des preuves plus irrécusables de son amour qui s'enracinait dans les larmes et se fortifiait par le désespoir.

Elle avait répandu tant de pleurs, que la source en devait être épuisée, et pourtant ses yeux rougis et languissants étaient toujours prêts à se mouiller encore.

Elle s'était d'abord refusée à toutes les consolations que l'attachement de Thérèse s'efforçait de lui apporter. Elle avait dé-

voré dans la solitude l'amertume de ses regrets et de ses inquiétudes.

Elle n'avait pas pris d'autre distraction,
que d'adresser quelques questions insi-
dieuses et pressantes à Moufle, qui s'appliquait à les éluder et à n'y répondre que
d'une manière évasive.

Il avait été secondé avec beaucoup d'intelligence par Thérèse, qui semblait être,
sur certains points, devenue sa complice,
et qui l'aidait fort adroitement à soigner
pour ainsi dire les blessures morales de
mademoiselle de Chantemerle.

Celle-ci avait vu de bon œil et regar-

dail comme d'heureux augure l'installa-
tion de Moufle à l'Ermitage de la Madeleine, car Moufle n'était pas seulement
pour elle un défenseur et un appui, c'était
encore le confident des pensées de Louis
Breton, l'exécuteur de ses volontés, l'auxi-
liaire assidu de tous ses actes.

Elle se sentait portée à une bienveillance,
à une sympathie particulière envers Moufle ; elle l'avait jugé digne de l'attachement
que lui accordait son maître, et elle s'était
pénétrée à son égard de l'opinion favo-
rable qu'il avait inspirée à Thérèse.

Cependant le valet de chambre du comte
de Vermandois, nonobstant les préve-

nances et les attentions de mademoiselle
de Chantmerle, se tenait toujours vis-à-vis
d'elle sur la réserve la plus discrète et la
plus prudente, quoique Thérèse eût mis
en défaut, pour son propre compte, cette
prudence et cette discrétion.

Le séjour de Moufle à l'Ermitage était
un motif de sécurité pour les deux re-
cluses ; sa présence était en outre, pour
Louise, une garantie du retour de l'absent,
qu'elle attendait déjà avec impatience,
quoiqu'il ne fût parti que depuis la veille.

— Quand aurai-je une lettre? dit-elle
au fidèle serviteur, qui s'était mis avec
Thérèse à faire le service intérieur de l'Ermitage.

— Il faudrait d'abord que monseig...
M. Louis Breton fût arrivé, répondit Moufle en cherchant à faire retraite.

— Où arrivé? demanda-t-elle vivement,
lui barrant le passage et le soumettant des
pieds à la tête à un examen inquisitorial.

— A l'armée, madame!... Ne vous l'ai-je
pas dit plus d'une fois, madame? Vous me
l'avez bien des fois demandé...

— Je vous le demanderai encore certainement. Mais l'armée, où est-elle?

— En Flandre, je présume; peut-être
dans le duché de Luxembourg, ou ailleurs.

— Vous ne m'avez pas dit quand il reviendrait, quoique je vous l'aie demandé
aussi avec insistance?

— Il reviendra, madame, quand la
guerre sera finie, et je ne vois pas que la
guerre ait commencé; les gazettes du
moins n'en parlent pas...

— Nous verrons peut-être cela dans les
gazettes? Vous avez apporté le dernier
Mercure galant?

— Oui, madame, avec d'autres journaux
et des romans que mademoiselle Thérèse
s'amuse à lire pour tuer le temps.

— Je suis curieuse de voir ce que les gazettes disent de cette guerre… Eh bien ! je n'ai point attendu que M. Louis Breton écrivît !… ajouta-t-elle en montrant une lettre cachetée. Savez-vous le moyen de lui faire tenir ce billet ?

— Assurément, madame ; mais il est indispensable que vous me permettiez d'aller pour cela jusqu'à… la ville voisine.

— Vous irez quand il vous plaira ; je n'ai pas d'ordre à vous donner là-dessus, et vous êtes libre de faire ce qu'il convient.

— J'irai donc, madame ! dit-il en prenant la lettre ; et je ne resterai dehors que le temps qu'il faudra…

— Oh ! ne vous croyez pas prisonnier ici, mon cher Moufle, parce que M. Louis Breton vous a donné la charge de nous garder à vue !

— Cette charge-là est des moins pénibles, madame, mais si j'avais vingt-quatre heures à ma disposition...

— Vingt-quatre heures ? qu'en feriez-vous ? Vous iriez probablement voir à l'armée M. Louis Breton ?

— J'en aurais bonne envie ! dit-il avec un soupir. Hélas ! il n'y a qu'un oiseau pour faire quatre-vingts lieues et s'en revenir dans ce délai.

— Quatre - vingts lieues ? répéta-t-elle tristement. Je ne m'imaginais pas qu'il fût si éloigné !

— Je n'irai donc pas le rejoindre, madame ; mais je puis tirer un grand profit d'un voyage de vingt-quatre heures !

— Faites ce voyage, mon ami, et plaise à Dieu qu'il vous soit profitable, comme vous l'espérez !

— Ce n'est point à moi qu'il pourra profiter, madame ; mais à vous, mais à une personne qui vous intéresse fort...

— Quoi qu'il en soit, partez tout de

suite, et rapportez-moi promptement des nouvelles de M. Louis Breton.

Mademoiselle de Chantemerle retourna dans sa chambre et se remit à écrire.

Elle avait le projet d'écrire à son père, mais, après les premières lignes tracées, elle laissa cette lettre inachevée, et en commença une autre adressée à Louis Breton.

Sa plume coulait sans efforts sur le papier et ne s'arrêtait par moments que sur l'empreinte humide d'une larme tombée de ses joues.

Elle se figurait en écrivant que Louis

Breton était là pour répondre à chaque
mot qu'elle adressait à cé cher invisible.

Elle lui reprochait son départ, elle le
suppliait de revenir.

Elle avait déjà rempli quatre pages de
prières et de reproches, quatre pages toutes marquetées de pleurs, lorsqu'elle fut
distraite de cette triste et douce occupation,
par une psalmodie plaintive et mélancolique, qui venait à ses oreilles avec le
souffle du vent, et qui éveillait par inter-
valle les échos des bois et de la rivière.

Elle avait entendu dans les temples protestants du Dauphiné ce chant religieux

dont le souvenir se rattachait douloureu-
sement aux épisodes de son enfance, et
qu'elle ne reconnut pas sans une profonde
et vive émotion.

Elle jeta sa plume et courut à la fenêtre
qui regardait le cours de la Seine.

Un grand coche d'eau descendait le
fleuve : plusieurs mariniers le dirigeaient
à l'aide de longs avirons.

Deux ou trois hommes, vêtus de noir,
se promenaient sur le pont; deux ou trois
autres, qui ressemblaient à des soldats, se
tenaient assis à la barre du gouvernail.

On ne voyait pas les individus dont la

voix grave et monotone s'élevait de la cabine, en chantant les paroles française s d'un psaume calviniste.

Mademoiselle de Chantemerle tressaillit et sentit son cœur se gonfler, quand ces paroles arrivèrent jusqu'à elle, comme une réminiscence de son père, qui les chantait aussi quelquefois :

> Du Tout-Puissant, la main juste et sévère,
> Sur les plus grands, fit tomber sa colère.
> Il retrancha de son saint héritage
> Les plus vaillants dans la fleur de leur âge.
> Et, toutefois, ce peuple criminel
> N'entendit pas la voix de l'Éternel !

Le bateau passait alors devant la Madeleine, mais Louise ne fit que l'entrevoir

à travers les arbres, et elle ne put distinguer quel était le personnage qui, d'un
ton magistral, imposait silence aux chan-
teurs, sans que ceux-ci s'empressassent
de lui obéir.

L'embarcation était déjà loin ; mais le
chant continuait toujours, redoublé et
prolongé par l'écho.

— Thérèse ! cria mademoiselle de Chantemerle, s'adressant à cette jeune fille qui
s'entretenait avec Moufle sur le seuil de
la porte de l'enclos, as-tu entendu ? Grand
Dieu ! ajouta-t-elle d'un accent étouffé,
qu'est-ce qui chante des psaumes ?

— Cela fait plaisir à entendre ! répondit

Thérèse, qui avait écouté avant de répondre. Ce sont sans doute des gens qui s'en reviennent du grand temple de Charenton.

— Cette musique m'a troublée jusqu'au fond de l'âme. Te souviens-tu que mon père se plaisait à chanter ce psaume?

— Tous les psaumes se ressemblent, mademoiselle... Est-il vrai, reprit Thérèse avec vivacité, quoique Moufle lui fît signe de se taire, est-il vrai que vous ayez bâillé un congé de vingt-quatre heures à notre ami M. Moufle?

— Je l'ai prié surtout de me procurer des nouvelles de M. Louis Breton, et j'attends qu'il m'en apporte bientôt.

— Mais, mademoiselle, nous ne pouvons sans inconvénient rester ainsi vingt-quatre heures la porte ouverte ?... C'est vous qui avez égaré la clé, en ouvrant sans cesse cette porte, laquelle devait demeurer fermée pour obéir à M. Louis Breton.

— Je n'ai plus peur de rien, moi, répliqua-t-elle avec tristesse, et je serais bien aise que des voleurs vinssent me tuer !

— Seriez-vous plus avancée si l'on vous tuait ? dit Thérèse, d'un air fâché et presque mutin. M. Louis Breton n'en reviendrait pas plus vite !... Enfin, puisque vous le voulez, on laissera partir M. Mouffe, mais c'est imprudent et c'était bien inutile !

Je vous demande un peu ce qu'il va faire
pendant vingt-quatre heures !

— Je ne m'en soucie pas ! Je me soucie
seulement qu'il me rende des nouvelles
de Louis, et le tiens quitte de tout le reste.

— Et moi, je lui en veux à la mort de
ce voyage, et je vous en veux aussi de le
lui avoir permis.

Mademoiselle de Chantemerle avait refermé la fenêtre, pour retourner à sa
lettre.

Thérèse cherchait inutilement à retenir
Moufle, qui la payait des plus belles rai-

sons, afin d'avoir la liberté de partir sans être suivi et sans être rappelé.

Enfin, il se décida tout à coup à s'enfuir en courant, et Thérèse qui l'arrêtait par la manche, courut à sa poursuite, le rejoignit dans la forêt et l'empêcha de faire un pas de plus.

Elle avait la tête et les bras nus; ses cheveux défrisés flottaient épars le long de ses joues, son corset dégrafé, sa jupe traînante, ses souliers dénoués, témoignaient non de l'insouciance qu'elle avait pour sa toilette, mais du peu de temps qu'elle lui consacrait, depuis que Moufle était devenu le commensal de l'Ermitage.

— Y pensez-vous! lui dit Moufle, d'un air sérieux plutôt que colère. Si quelqu'un nous voyait ainsi?

— Qui voulez-vous qui nous voie? répondit-elle en rougissant. Quelque pie ou quelque corbeau?

— La porte du jardin est restée ouverte et l'on peut entrer!... Retournez, je vous conjure, et laissez-moi faire mon devoir.

— Où voulez-vous aller? reprit-elle d'un ton d'autorité. Votre devoir n'est-il pas de demeurer ici, comme le prince vous l'a ordonné?...

— Sans doute, et je me promets bien de

ne plus vous quitter avant le retour de
Son Altesse, mais il faut que je sois absent
jusqu'à demain... C'est une idée qui me
tourmente! C'est une inspiration qui me
vient du ciel...

— Ou de l'enfer. J'entends savoir où
vous allez, car je me défie de vous...

— Vous vous défiez de moi, Thérèse?
dit-il d'un air de reproche, en lui prenant
la main.

— Oui, de vous, comme de votre prince,
Je l'aimais, je lui étais dévouée à la vie, à
la mort, tant qu'il n'a pas comploté cet
abominable départ pour l'armée. Beau

prétexte vraiment à délaisser une fille qu'on dit adorer, que de vouloir s'aller faire tuer à la bataille !

— A Dieu ne plaise !... ce pauvre cher prince !... Tenez, ma chère Thérèse, vous ne le connaissez pas, vous ne savez pas ce qu'il vaut comme cœur, vous ne savez pas qu'il est trop bon, trop loyal, trop parfait pour être prince.

—Eh bien ! qu'il se débarrasse de son masque de prince et qu'il s'en aille en Dauphiné !

— Vous voilà maintenant plus folle de romans que Madame.,.

— Dites *Mademoiselle*, car vous lui faites injure en la nommant ainsi.

— Je lui fais honneur, au contraire... Mais Dieu sait comment tout cela finira, et j'ai le frisson d'y songer.

— Ça finira comme finissent les choses de cette espèce : mademoiselle de Chante-merle épousera le prince...

— Ah ! ma chère Thérèse, vous imaginez-vous qu'on épouse de la sorte un prince du sang !

— S'il n'épouse pas, qu'il se retire et quitte la place à un autre mari. Et vous, monsieur Moufle, qui n'êtes pas prince du sang...

— Je vous épouserais volontiers, si j'étais libre!

— Si vous étiez libre! s'écria-t-elle toute troublée. Qu'est-ce à dire? Seriez-vous marié déjà?

— Pas le moins du monde; mais le premier valet de chambre d'un prince ne s'appartient pas.

—Je ne vois pas de nécessité à ce que mon mari soit premier valet de chambre de qui que ce soit.

— Nous reparlerons de tout cela, Thérèse; mais d'abord, mais avant tout, il
importe de sauver ce malheureux comte
de Chantemerle.

— Quoi! ce n'est pas encore fini! Quelle
histoire! Le prince et vous, ce semble,
l'avez déjà sauvé trois ou quatre fois...
Cherchez d'autres imaginations, monsieur, ne nous paissez pas de telle fumée!

— Je vous fais serment, Thérèse, que
je vais à Paris pour le compte de M. de
Chantemerle.

— Je ne vous crois plus, pour nous
avoir conté trop de bourdes. Non, vous

n'allez point à Paris ; vous n'avez rien à faire pour l'intérêt du comte de Chantemerle... Feintes, inventions, sornettes que cela !

— Incrédule que vous êtes ! Faut-il vous répéter que M. de Chantemerle est condamné à mort !

— Répétez-le tant qu'il vous plaira, et je n'en croirai pas davantage. Oh ! la bonne fadaise !

— Avez-vous le cœur de rire d'une si fâcheuse aventure ! Pouvez-vous douter de la chose !

— Si j'en doute ! Je n'en doute pas, puisque je tiens la chose pour un conte bleu.

— Vous êtes pourtant bien attachée à
mademoiselle de Chantemerle, et vous seriez, plus que personne, frappée du coup
qui la frapperait ! Ne riez pas, sur ma foi !
Thérèse, car rien n'est plus réel que la
sentence qui condamne M. de Chantemerle!...

— Encore ! Vous ne me convaincrez
pas. Cependant j'admets le fait pour vous
faire plaisir : votre prince n'est–il donc
point assez puissant pour obtenir notre
grâce ? A quoi donc, s'il vous plaît, servi-
rait-il d'être fils du roi, légitimé de France,
grand-amiral, Dauphin !

— Non, ce n'est pas lui qui est Dauphin,
c'est son frère. Mais il nous est plus diffi-

cile, voyez-vous, d'obtenir la grâce de
M. de Chantemerle, que de faire épouser
mademoiselle Louise par Son Altesse.

— La belle affaire! croyez-vous donc
que mademoiselle de Chantemerle ne soit
point assez belle?...

— Je ne dis pas cela.

— D'assez bonne naissance?...

— Ce n'est pas la question.

— Assez spirituelle, assez charmante
enfin, pour épouser un prince?

— Mon Dieu! ne parlons que de M. le comte de Chantemerle, qui est sous le coup d'une condamnation capitale, et qui, en tant qu'huguenot, ne peut espérer aucune commutation de peine!

— En ce cas, le mieux est de le faire sortir de France sous un déguisement.

— Voilà bien ce à quoi je songe, mais il est auparavant une autre voie à tenter, et c'est pourquoi je m'en vais à Paris, sans prévenir même Son Altesse.

— Eh! qu'allez-vous faire à Paris? Je veux, je dois être instruite de tout, puisque nous sommes solidaires...

— Solidaires? interrompit Moufle, qui donnait à cette expression un sens très étendu. C'est-à-dire que nous avons même intérêt à réussir, et que le sort de M. de Chantemerle nous tient à cœur presque également, non à cause de sa fille, mais à cause de Son Altesse...

— Vous ne répondez pourtant pas à mon interrogation : qu'allez-vous faire à Paris?

— Je vais y chercher les moyens de sauver M. de Chantemerle, en retrouvant les lettres de grâce que le roi et M. Colbert lui avaient accordées...

— Oh! pour cette fois, je n'y comprends plus rien, absolument rien. Vous battez la campagne et les buissons, vous voulez m'en donner à garder! D'abord, vous me dites qu'il faut désespérer d'avoir la grâce de M. de Chantemerle, puis, un moment après, vous m'annoncez que des lettres de grâce lui avaient été accordées!

— Il suffit de s'entendre, ma chère Thérèse... Mais le temps nous gagne, et chaque minute de retard peut être irréparable. Je vous dirai tout à mon retour, et vous me remercierez, vous m'approuverez, si j'en arrive à mes fins...

— Voulez-vous savoir le fond de ma pensée? lui dit-elle tristement, en l'interrogeant du regard.

— Je n'ai qu'à chercher dans ma pensée
pour deviner quelle est la vôtre ! Vous me
voyez partir à regret ? vous seriez bien
aise que je fusse déjà revenu ?

— Je vous vois partir avec défiance,
avec douleur ! s'écria-t-elle avec un accent
de reproche.

— Avec douleur ? reprit-il étonné. Vingt-
quatre heures sont bientôt passées, et je
suis resté plus longtemps sans vous voir.

— Je m'imagine que M. le comte de
Vermandois est parti pour toujours.

— Pour toujours ! interrompit-il, ne

voyant qu'un pressentiment sinistre dans ce qui n'était qu'une supposition raisonnée.

— Oui, pour toujours, afin de rompre un attachement qui peut être selon son cœur, mais qui n'est pas selon sa naissance, selon son rang, selon sa destinée !... Je m'imagine alors, ajouta-t-elle en interprétant comme une adhésion le silence de Moufle, je m'imagine que vous partez aussi, à votre tour, dans les mêmes intentions que celles du prince, et que vous ne reviendrez pas plus que lui !

— Quel gage vous donnerai-je de ma parole ? répliqua le valet de chambre, avec le langage de la sincérité. Je vous jure

.que je ne vais à Paris que pour les affaires
de M. de Chantemerle et aussi d'un pauvre
vieil homme de ses amis, qu'on appelait
Jérémie Cornouaille...

— C'est le pasteur protestant qui devait
nous tirer de l'Ave-Maria et nous mener
en Dauphiné ?

— Je me rends tout d'abord à Paris,
sans passer par Fontainebleau ; je n'y de-
meurerai que le temps de faire certaine
démarche ; après quoi, je retourne à Fontainebleau pour y prendre les lettres de
Son Altesse, surtout celles que mademoiselle de Chantemerle attend et souhaite
d'une telle impatience ; puis, je reviens...

— Estimez-vous qu'il faille vingt-quatre heures d'absence pour mener à bonne fin toute l'affaire?

— Je le donnerais à faire en vingt heures à qui aurait des ailes ! Je n'épargnerai, pour retourner plus vite, ni la fatigue, ni les chevaux, ni l'argent... Vous, tâchez de faire en sorte que madame ne s'aperçoive pas trop de mon absence... Il est tantôt midi ; demain, à pareille heure, je serai de retour assurément. Dieu permette que mon voyage ait le succès que j'en espère !

Thérèse allait encore essayer de quelque raisonnement ou de quelque prière, pour retarder, sinon pour empêcher le départ

Elle avait pris un air boudeur et har-
gneux ; deux grosses larmes brillaient au
bord de ses paupières, elle comprimait
ses lèvres l'une contre l'autre, en signe de
dépit.

Déjà elle faisait mine de reprendre lentement le chemin de l'Ermitage, sans répondre à l'adieu cordial et affectueux que
lui adressait le valet de chambre du comte
de Vermandois.

— Vous me rendrez justice plus tard !
lui dit-il avec douceur, en la regardant
s'éloigner la tête basse. Oui, plus tard,
vous saurez que vous êtes, après Son Altesse, la personne au monde, que j'estime
et que j'aime le plus !

— Faites-moi le donc savoir de façon à
ce que je n'en doute pas ! murmurait-elle,
en sanglotant tout bas.

Elle s'arrêta et tourna la tête pour voir
s'il la suivait, comme elle l'eût voulu,
comme elle s'en flattait ; mais Moufle avait
disparu.

Il s'était jeté dans une allée de traverse,
pour couper court à de nouvelles obses-
sions, et on entendait seulement le bruit
de son pas, qu'il hâtait afin d'échapper à
l'opiniâtre violence que lui faisait Thérèse.

Celle-ci s'irrita de n'avoir pu rien obtenir de la prière ni des reproches : elle essuya ses yeux, et, s'apercevant alors pour la première fois de la négligence de sa toilette, elle rentra précipitamment, toute honteuse, dans l'Ermitage, dont la porte était encore entr'ouverte.

Personne, par bonheur, n'avait passé par là et ne s'était permis de pénétrer dans l'enclos, par curiosité ou par mauvais dessein.

Mademoiselle de Chantemerle était encore occupée à écrire.

Thérèse ne la dérangea pas ; Thérèse avait d'ailleurs, pour son propre compte,

un sujet de rêverie qui l'invitait à chercher la solitude.

Elle alla s'asseoir sur un banc de pierre,
dans l'angle le plus élevé du jardin qui,
sur ce point, formait une espèce de terrasse dominée par la forêt et dominant la
rivière.

Thérèse devait à l'amour que lui avait
inspiré Moufle cette soudaine initiation
aux mystères de la poésie, de la nature et
de l'intelligence.

Elle trouvait une douce et mélancolique
alimentation de l'âme dans le spectacle
des objets extérieurs, dans la contempla-

tion muette de ce paysage champêtre et bocager, où l'homme ne se montrait nulle part, tandis que l'image et la pensée d'un seul être se reflétaient pour elle en quelque sorte, sur chaque plan du tableau.

Thérèse avait oublié, dans cette rêverie inactive, tous les soins ordinaires de la maison, tous les devoirs de son service, lorsqu'elle fut comme réveillée tout à coup par la voix de mademoiselle de Chantemerle qui l'appelait.

Elle se leva, encore absorbée dans ses préoccupations, cherchant de quel côté se diriger pour courir plus vite auprès de sa maîtresse.

Elle la vit venir à elle en désordre, et, doublant le pas, elle l'eut bientôt rejointe.

Louise paraissait en proie à un trouble extraordinaire; elle s'appuya sur le bras de Thérèse, qui la soutint pour l'empêcher de tomber en syncope.

Elle était d'une pâleur mortelle; ses yeux brillaient d'une flamme étrange; sa respiration pénible soulevait son sein par saccades; un tremblement convulsif parcourait son corps, et cependant les larmes et les sanglots qui la suffoquaient n'avaient pas encore pu se faire jour.

Thérèse, effrayée de l'état dans lequel

Louise reparaissait devant elle, et n'en soupçonnant pas la cause, songea d'abord à lui donner des secours.

Elle l'enleva entre ses bras robustes, et la transporta jusqu'au banc de pierre, qui offrit un siége à la jeune fille, incapable de rester debout et prête à défaillir.

Mademoiselle de Chantemerle ne perdit pas connaissance toutefois, et, malgré sa faiblesse, ses doigts crispés ne lâchèrent point le livre qu'ils serraient avec force.

C'était un volume du *Mercure galant*, relié en maroquin rouge et doré sur tranche, avec les armes de France sur le plat de la couverture.

— Vous pourrez vous reprocher de m'avoir fait là une furieuse peur ! s'écria Thérèse.

Mademoiselle de Chantemerle, qui avait rouvert ses yeux que des pleurs commençaient à voiler, se jeta dans les bras de Thérèse.

— Oh ! mon amie, lui dit-elle en gémissant, je suis bien coupable !

— Coupable ? reprit l'autre, qui était trop naive et trop pure pour donner à cet aveu une interprétation fâcheuse.

— Pendant que je suis ici en sûreté, dit

Louise avec amertume, pendant que je m'oublie lâchement dans cette mollesse, mon père! mon pauvre pere!...

— Qu'est-il arrivé? répliqua Thérèse, qui se rappelait les dernières confidences de Moufle, et qui se repentait de n'y avoir point ajouter foi.

— Il est arrivé sans doute un malheurr irréparable, un malheur affreux, dont je ne me consolerai jamais, d'autant que j'en ai été cause, ou, du moins, que je n'ai rien fait pour y mettre obstacle!

— M. le comte de Chantemerle est vivant, mademoiselle...

— Vivant! Qui te l'a dit? En es-tu certaine et oserais-tu en jurer, pour me tirer d'angoisse?

— Certes, j'en jurerais volontiers, sans craindre de faire un faux serment; car M. Moufle est parti justement à l'effet de recouvrer des lettres de grâce... Il est allé à Paris!... reprit-elle en s'accusant tout bas d'avoir failli abuser d'un secret qu'on lui avait confié pour qu'elle le gardât.

— Il est allé à Paris? répliqua Louise, qui n'en savait rien, et qui pourtant ne parut pas surprise. Il m'a promis de porter une lettre à M. Louis Breton, et de m'en rapporter une de lui en échange...

— S'il vous a promis, il vous tiendra parole, coûte que coûte, car c'est un homme d'honneur, et, certes, il ne me trompera pas... Je puis vous assurer pourtant qu'il se rend à Paris pour les affaires de M. le comte de Chantemerle...

— Quelles tristes et lamentables affaires ! s'écria Louise, qui fondit en larmes en s'abandonnant à toute son affliction.

— Voyons, mademoiselle, avez-vous revu Moufle? Vous a-t-il révélé ce qu'il m'aurait caché à moi !

— Je n'ai pas vu Moufle depuis ce matin ; il ne m'a rien dit, mais ce livre m'a dit tout !

Elle mit entre les mains de Thérèse le volume qu'elle tenait, en cherchant la page où elle s'était arrêtée dans sa lecture.

Thérèse fixa les yeux sur le passage que mademoiselle de Chantemerle lui désignait du doigt, et elle lut ce passage jusqu'au bout, sans se rendre compte du trouble que sa jeune maîtresse continuait à exprimer par des mouvements et des gestes désordonnés.

Il ne s'agissait, en effet, que de la sédition des protestants du Dauphiné et de l'amnistie que le roi leur avait accordée, avec certaines exceptions.

L'ordonnance d'amnistie était imprimée dans toute sa teneur, et si exactement, que l'espace de quatre lignes laissées en blanc marquait la place des noms de plusieurs personnages « auxquels le procès continue à être fait », disait cette ordonnance. Nonobstant l'amnistie, la mémoire des morts ou exécutés restait flétrie, les biens de ces malheureux étaient confisqués définitivement, et quiconque à l'avenir ferait acte de religion réformée, serait poursuivi et condamné criminellement.

— Nous connaissions tout cela ou peu s'en faut, dit Thérèse, qui, dans ses entretiens avec Moufle, avait appris beaucoup de détails que mademoiselle de Chantemerle ignorait. Mais je ne vois nulle

part qu'il soit ici question de M. votre
père...

— Quoi! tu ne remarques pas une note,
qui est écrite à la marge du livre, et qui a
été mise là tout exprès à mon adresse?

Thérèse, en examinant le volume avec
plus de soin, aperçut cette note, tracée
au crayon, en caractères presque illi-
sibles, par quelqu'un qui avait lu le livre
auparavant, ou peut-être par le rédacteur
même du *Mercure galant*, Donneau de
Vizé, un des historiographes de France.

La note était ainsi conçue :

« Il est à savoir que seront inscrits postérieurement, en cette même place réservée, les noms des principaux rebelles hérétiques, que Sa Majesté a exceptés du bénéfice de ladite amnistie, et qui sont condamnés dès à présent par mondit sieur Lebret, notamment M. le comte de Chantemerle, un ministre protestant fort dangereux, nommé Jérémie Cornouaille, etc. »

Thérèse comprit alors toute la douleur de sa compagne, et elle se repentit davantage de n'avoir pas voulu ajouter foi aux révélations que Moufle lui avait faites relativement à la gravité des dangers qui menaçaient le comte de Chantemerle.

— Eh bien ! qu'est-ce que cela ? dit-elle

en s'efforçant de rassurer Louise. Quel fond pouvez-vous faire sur cette écriture, qui n'a pas d'autorité, puisqu'on ne sait de quelle part elle vient?

— Va, ma pauvre Thérèse! cette écriture n'a pas été mise là sans dessein, je t'assure! On a imaginé ce moyen pour me faire connaître ce qu'on n'osait point m'apprendre en face et de vive voix... C'est encore une attention de Louis Breton ; c'est une façon de faire fort délicate peut-être, mais le fait n'en subsiste pas moins dans sa cruelle réalité.

— Le fait? Quel fait, si ce n'est que M. le comte de Chantemerle est excepté provisoirement de l'amnistie...

— Étant condamné à mort par sentence du commissaire extraordinaire du roi.

— Je ne vois rien là-dedans qui ressemble à ce que vous croyez. Sans doute il n'a pas été compris dans ces lettres de grâce, sans doute il doit en obtenir de particulières, sans doute il a été sérieusement compromis dans les troubles du mois de juillet; mais on ne dit nulle part, en cette ordonnance, qu'il est, qu'il a été, qu'il sera condamné...

— Tu t'obstines à me tromper par amitié et par dévoûment pour moi! Quoi que tu puisses dire, je vois ce qui en est...

— Les choses sont fort tristes, il est

vrai, pour nos frères en Jésus-Christ,
puisque les temples de Saou, de Bourdeaux et autres doivent être rasés, et qu'il
y a défense, sous peine de la vie, d'y faire
aucun prêche, assemblée ou exercice de
la religion...

— Que faut-il faire? demanda mademoiselle de Chantemerle, qui suivait le
cours de ses idées à travers les réflexions
que Thérèse empruntait à un examen plus
général de l'ordonnance d'amnistie.

— Que pouvez-vous, que pouvons-
nous faire? M. Louis Breton vous a promis de veiller sur votre père; M. Moufle
m'a promis également de s'intéresser à
cette affaire...

— L'ordonnance est datée du mois de septembre? disait Louise qui avait repris le volume des mains de Thérèse, et qui relisait le texte imprimé, ainsi que la note manuscrite. Voilà deux mois environ que mon père a été condamné!

— Vous ne pouvez douter néanmoins qu'il ne soit encore en vie, puisque monseig... M. Breton vous a remis lui-même un billet de la main de M. de Chantemerle...

—Tu as raison! reprit Louise, à l'esprit de qui ce souvenir ne s'était pas présenté pour la tranquilliser.

— Et M. Breton, qui ne ment pas, je

suppose, vous a déclaré que ce billet avait été écrit sous ses yeux, une heure auparavant.

— Oh! ma bonne Thérèse! dit-elle en s'efforçant de sourire, pour exprimer sa reconnaissance; tu as toujours le secret de m'ôter de peine!

— Et vous, Louise, vous avez toujours le secret de vous affliger, de vous désoler, sans qu'il y ait matière au chagrin que vous vous faites.

— Me voilà donc rassurée sur la vie de mon père; je sais qu'il existe, qu'il existait hier... Mais si une sentence a été prononcée contre lui...

— M. Breton, et, au besoin, M. Moufle, se chargent de faire annuler cette sentence, qui, d'ailleurs, n'est pas rendue...

— Encore, si M. Louis Breton était ici !... Mais il est à l'armée, et nous sommes seules, sans protecteur !

— Vraiment ! Comptez-vous donc pour rien la protection de M. Moufle, lequel a plus de crédit qu'on ne pense ?

— Ne dis-tu pas qu'il s'en est allé à Paris, pour savoir où en est l'affaire de M. de Chantemerle et des protestants du Dauphiné ?

— Il est parti, en effet, car le cas était

urgent et considérable ; il ne reviendra
que demain...

— Jusqu'à demain je serai dans des
transes perpétuelles ! s'écria Louise, qui
avait l'air désappointé. Il ne reviendra
que demain, dis-tu ?

— Il me l'a juré et il tiendra parole. A
midi sonnant, nous le reverrons, cet ex-
cellent M. Moufle !

— Attendre jusqu'à demain les nouvelles ! murmurait mademoiselle de Chantemerle avec découragement.

— Il fallait que la chose fût bien grave,

disait Thérèse en se parlant à elle-même ;
autrement Moufle ne serait point parti.

— Je ne vivrai pas jusqu'à demain.
M. Louis Breton m'avait promis une lettre
tous les jours !

—Il ne vous a quitté qu'hier, mademoiselle, et il n'y a pas encore de temps
perdu. M. Moufle vous apportera certainement une lettre demain...

— Sais-tu bien, objecta mademoiselle
de Chantemerle, que M. Louis Breton ne
nous a pas toujours dit la vérité ?

— Allez-vous maintenant l'accuser et

le condamner, lorsqu'il n'est pas là pour se défendre!

— Je ne l'accuse pas, mais j'aurais préféré qu'il me dît les choses comme elles étaient. Par exemple, si j'avais été instruite des dangers que courait mon père, si j'avais connu ce fatal arrêt...

— Qu'auriez-vous fait que n'a pas fait M. Louis Breton? Pensez-vous qu'il ne se soit point inquiété de la périlleuse situation de M. le comte de Chantemerle? N'a-t-il pas tenté, à cet égard, différentes démarches, que vous n'avez pas même ignorées? Il faut être juste, même envers les gens qu'on aime le mieux, mademoiselle.

— Si j'eusse été avertie, je me serais mise en quête des amis et des parents qui pouvaient me prêter quelque appui...

— Vous oubliez, mademoiselle, que vous n'étiez pas en état d'agir ni de vous montrer ouvertement ? N'avez-vous pas rompu votre ban et déserté le couvent de l'Ave-Maria ? Qui nous dit que nous ne sommes pas recherchées et menacées par les gens du roi ? Qui nous dit qu'une sentence n'a pas été rendue contre nous aussi ?

— Et tu crois savoir que M. Moufle ne sera point de retour avant demain ? interrompit Louise en soupirant.

— Il m'a demandé la permission de s'ab-

senter, dit Thérèse avec un air d'importance et d'autorité. Cette permission, je la
lui ai accordée seulement en faveur de
M. le comte de Chantemerle.

— J'ai belle envie, je t'assure, de sortir
d'ici, et de m'en aller à Paris, où je trou-
verais certainement des appuis... Je ne
sais qui me tient que je ne parte aujour-
d'hui même, puisque M. Louis Breton s'en
est allé!

— Ne vous flattez pas que je vous laisse
partir en l'absence de M. Moufle; il ne me
le pardonnerait pas. Vous m'avez été con-
fiée, mademoiselle, non-seulement par
M. le comte de Chantemerle, mais en-

core par monseig... M. Louis Breton, par
M. Moufle...

— Je ne resterai pas longtemps dans
cette incertitude! dit Louise, qui ne prit
pas garde à la singulière prépondérance
que Thérèse donnait au valet de chambre
de Louis Breton. Si les lettres et les nouvelles me manquent...

— Eh bien! que ferez-vous, mademoiselle? car je ne puis être étrangère à rien
de ce que vous ferez.

— Je partirai, je retournerai à Paris,
dussé-je m'exposer à être renfermée de
rechef dans un couvent; j'irai trouver ma
tante de la Tour-du-Pin, la comtesse de

Brancas, le duc de Roanez et tous les
alliés de ma famille, et je ne prendrai de
repos qu'après m'être assurée que mon
père est à l'abri de tout accident... Ah!
que Louis a mal fait de me laisser en proie
à ces tourments! s'écria-t-elle en versant
de nouvelles larmes. Et, comme si ce n'é-
tait point assez de cette épreuve douloureuse, il me faut encore craindre pour lui,
qui est à la guerre!...

— Voulez-vous un conseil? lui dit brusquement Thérèse, qui avait un remords
secret depuis qu'elle savait le nom et la
condition véritable du prétendu Louis
Breton ; un conseil qui ne vous fera pas
plaisir, mais qui n'en est que plus utile!
un conseil que vous ne suivrez pas, mais
que vous vous rappellerez tôt ou tard...

— J'aime mieux que tu gardes ton conseil, Thérèse, pour un autre jour, si je dois en être affligée ou troublée...

— Je gagerais que vous êtes moins attachée à M. Louis Breton, depuis qu'il vous a de la sorte abandonnée ?

— Ce n'est point m'abandonner ! s'écria-t-elle, prenant aussitôt la défense de l'absent, que de partir pour l'armée, et de faire son devoir de bon gentilhomme?

— J'ai grand' peur, vous le dirai-je, que M. le comte de Chantemerle ne consente pas à vous marier ensemble.

— D'où te vient cette fâcheuse imagination ! reprit Louise impatiemment. Mon père pouvait-il donner à M. Louis Breton une plus grande marque de confiance, que de l'envoyer en son lieu et place nous recevoir à la sortie de l'Ave-Maria ?

— Ce que j'en dis, interrompit Thérèse, ce n'est qu'une idée qui me vient à l'improviste et sans raison. Mais si ce mariage ne se pouvait faire...

— Pourquoi ne se ferait-il pas ?... Méchante, as-tu formé le projet de me contrarier, de m'attrister aujourd'hui ?... Il me semble que tu n'es plus la même pour moi, Thérèse! ajouta-t-elle amèrement.

— Moi, mademoiselle ! répondit Thérèse, étonnée et affligée de ce reproche,
qu'elle ne trouvait peut-être pas tout à
fait mal fondé. Moi, bon Dieu ! qui ne
balancerais pas à donner pour vous ma
vie !...

— Je ne te demande rien que ton cœur,
et il est certain que tu m'en as ôté une
bonne partie pour la donner à Moufle...

— Oh ! mademoiselle ! dit Thérèse qui
s'était troublée, et qui n'osait démentir un
fait que trop de preuves avaient constaté
dans l'opinion de mademoiselle de Chantemerle. Sans doute, M. Moufle est un
digne et honnête homme, qui vous est fort
attaché...

— Je n'en doute pas et lui en sais bon gré ; mais, depuis que vous vous êtes mis d'accord ensemble, on vous voit partout machinant, complotant, chuchottant... Il y a entre vous deux quelque chose qui ressemble à de la complicité...

— Il n'y a que du dévoûment et de l'affection, mademoiselle, pour vous et pour M. Louis Breton! dit Thérèse en balbutiant et en rougissant.

L'entretien continua longtemps encore, en retournant par intervalles à son point de départ, qui était l'ordonnance d'amnistie publiée dans *le Mercure galant.*

Mademoiselle de Chantemerle, ramenée

alors à ses inquiétudes au sujet de son père, s'accusait toujours d'avoir manqué à ses devoirs de piété filiale, et paraissait disposée à se sacrifier elle-même pour sauver le comte de Chantemerle.

Mais néanmoins, tous ses sentiments, tous ses projets, se trouvaient dominés et comme paralysés par la pensée de l'absence du jeune homme qui devait être son mari et qui était son guide, son protecteur naturel.

Thérèse, de son côté, résolue à prendre incidemment le lieu et place de Moufle, et à surveiller, dans l'intérêt du comte de Vermandois, les démarches de Louise, faisait tous ses efforts, usait de tous ses raisonnements pour dissuader celle-ci de quitter l'Ermitage de la Madeleine avant le retour de Louis Berton.

Mademoiselle de Chantemerle que l'amour avait rendue clairvoyante et perspicace, ne se méprenait'pas sur la nature de l'intelligence qui existait entre Moufle et Thérèse.

Mais elle ne soupçonnait aucunement que Moufle fût le premier valet de chambre d'un prince du sang, et que Thérèse eût consenti, sous l'influence des séductions du cœur, à se faire à son insu la complice officieuse de la tendre sollicitude de ce prince à l'égard d'une noble et vertueuse fille qui ne pouvait être sa maîtresse, ni devenir sa femme légitime.

Le soir était venu, sans que les deux amies s'en aperçussent, absorbées qu'elles étaient dans un entretien qui les intéressait également à divers degrés.

Elles attendaient l'une et l'autre le retour de la personne que chacune d'elles souhaitait revoir, en ne l'espérant pas.

Mademoiselle de Chantemerle se disait à part elle, que Louis Berton n'était peut-être pas encore parti pour l'armée, et qu'il éprouverait sans doute le besoin de faire à l'Ermitage une nouvelle visite d'adieu.

Thérèse, quoique convaincue de la nécessité qui avait forcé Moufle à s'absenter, se demandait tout bas s'il ne pouvait pas

avoir gagné du temps, et s'être fait libre
pour revenir plus tôt qu'il ne l'avait pensé.

Elles ne se pressaient donc pas de rentrer dans l'intérieur de la maison, quoique
l'air froid et hostile de la première soirée
du mois de novembre leur rappelât l'in-
suffisance des vêtements qui ne les garan-
tissaient pas des émanations de la rivière
et de la forêt.

Elles grelotaient sous l'impression d'une
atmosphère humide, et l'obscurité s'était
épaissie autour d'elles, à tel point que le
ciel et l'horizon se confondaient avec les
grandes ombres des bois.

La Seine, qui coulait à cinquante pas
de la terrasse où les deux femmes étaient

assises, éteignait graduellement une lueur blafarde que le dernier reflet du couchant projetait çà et là sur la surface de l'eau.

Un silence redoutable s'emparait de l'espace, après chaque soupir du vent du nord, qui passait dans les arbres en leur arrachant quelque chose de leur couronne desséchée et jaunie.

La chute d'une feuille ou d'un branchage, le cri d'un oiseau nocturne, le vol d'un phalène, le bramement lointain d'un cerf, affectaient des bruits étranges et mystérieux dans ce silence universel de la nature agreste.

Louise et Thérèse ne se parlaient plus.

Elles regardaient, elles écoutaient, en

se tenant le bras, et, par instants, elles se communiquaient, à l'aide d'un serrement de main, une impression fugitive d'espérance, de frayeur ou d'amour.

Tout à coup elles entendirent des gémissements qui partaient de la forêt et qui semblaient s'approcher par intervalles, en cessant et en reprenant tour à tour.

Elles prêtèrent l'oreille avec anxiété, et elles reconnurent, en tressaillant, que ces gémissements ne pouvaient provenir que d'un être humain.

Qui donc se plaignait ainsi ?

Louise pensa d'abord à Louis Breton ; Thérèse à Moufle.

Ces plaintes annonçaient une souffrance physique ou morale ; c'était peut-être un appel, une prière.

Il y avait là certainement des secours à porter, une assistance à offrir, du bien à faire.

Les deux jeunes filles eurent la même pensée avec le même sentiment.

— Entends-tu ? dit mademoiselle de Chantemerle à l'oreille de Thérèse. Si je pouvais reconnaître la voix !

— Il me semble que c'est une voix de femme ! répondit Thérèse, qui avait redoublé d'attention pour démêler l'origine de ces gémissements entrecoupés.

— Non, c'est une voix d'homme! c'est sans doute un homme malade ou blessé!

— Il faut aller à son aide, s'écria Thérèse, en se levant et marchant la première.

— Si c'était un piége qu'on nous tend! Si l'on voulait seulement nous attirer hors de la maison!...

— Quel contretemps que M. Moufle ne soit point ici! il ferait ce que nous ne pouvons faire; il s'en irait à la découverte, et, en cas de danger, il nous défendrait.

— Es-tu bien sûre que ce ne soit pas M. Louis Breton qui se plaint de la sorte?

— Quelle idée! Je voudrais être aussi

sûre que ce n'est pas ce pauvre M. Moufle !
Cette grande forêt est remplie de voleurs,
et M. Moufle a toujours la bourse bien
garnie... Je veux savoir quel est le malheureux qui pousse ces lamentations dé-
sespérées.

— Et moi, je veux le savoir pareillement, quoique ce ne puisse être notre ami
Louis Breton.

Thérèse était allée chercher dans la
maison un flambeau, à défaut d'une lan-
terne.

Elle reparut avec de la lumière, et elle
se dirigea, d'un pas déterminé, vers la
porte de l'enclos.

Cette porte, dont la clé avait été perdue

depuis plusieurs jours, n'était fermée en dedans que par un seul verrou rouillé, qui s'enfonçait à peine dans une mortaise de bois pourri.

Louise marchait derrière Thérèse, en tremblant d'émotion plutôt que de peur.

— Si nous prenions une arme! dit Thérèse, s'armant d'une bêche qu'elle rencontra sous sa main.

— On n'a point à se défendre contre quelqu'un qui demande du secours! dit mademoiselle de Chantemerle.

— Je n'entends plus rien! De quel côté faut-il aller? Par ici ou par là? Écoutons!

— Moi, j'entends toujours une plainte

sourde qui semble sortir de terre... Suis-
moi, nous sommes sur la voie...

— Si c'était un animal sauvage, un
loup, un sanglier ! dit Thérèse en s'arrê-
tant et disposée à rebrousser chemin.

— Bon, quelle idée ! un sanglier, un
loup, à Charenton, aux portes de Paris.
Tu nous crois donc en Dauphiné ?

— Je suis assurée maintenant que ce
n'est point M. Moufle, et je ne vois pas
trop ce que nous allons faire...

— Viens donc, hâtons-nous, car il y a
là-bas une femme qui se désole et qui est
en péril.

— Messieurs les brigands, disait une

voix lamentable, par charité, ne me tuez
pas !

— Mademoiselle, ce sont des brigands !
reprit Thérèse, retenant Louise par le
bras et cherchant à l'entraîner.

— Ces brigands sont partis, si tant est
qu'ils soient venus ! C'est une pauvre
femme qu'on a mise à mal...

— Si les brigands sont partis, mademoiselle, ils peuvent revenir !... Je vous conjure, mademoiselle, de rentrer à l'Ermitage...

— Éclaire la route, je te prie ! disait
mademoiselle de Chantemerle, qui allait
seule en avant; donne-moi le flambeau

et va-t'en, si tu refuses de porter secours à cette infortunée...

— Mais il n'y a personne, mademoiselle, et la forêt de Fontainebleau est bien dangereuse en pleine nuit !

— Que nous parles-tu de la forêt de Fontainebleau? As-tu le sens égaré? Toi, si courageuse ! si résolue !... Silence !

— Messieurs les brigands ! murmura la voix plaintive qui partait d'un fourré de houx. Grâce au nom du Dauphin !

Cette prière expira dans un gémissement inarticulé.

Louise, qui s'était précipitée dans la direction de la voix, sans attendre que Thé-

rèse vînt à elle, aperçut, à la clarté pâle et
tremblottante que la bougie envoyait à
quelques pas en avant, une forme blanche,
indécise et immobile au milieu des buissons.

Elle s'approcha encore, elle se baissa
pour mieux distinguer ce qu'elle voyait
devant elle.

C'était une femme évanouie.

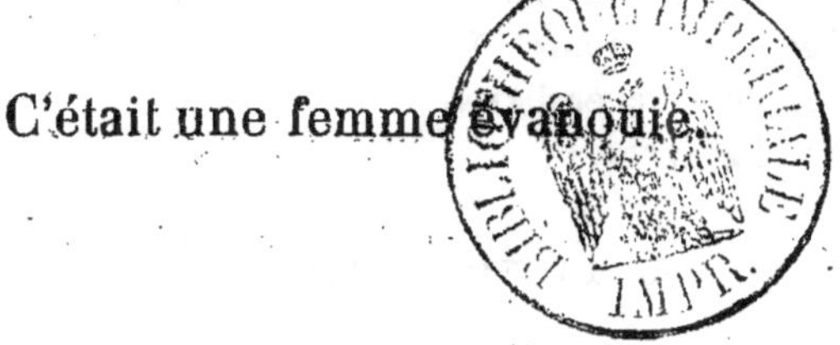

FIN DU CINQUIÈME VOLUME.

TABLE

Fin de la table du cinquième volume.

Fontainebleau, imprimerie de E. Jacquin.

Les Coulisses du Monde

Par le vicomte Ponson du Terrail. — 8 vol. (complet).

LE SULTAN DU QUARTIER

Par Maximilien Perrin. — 2 vol. (complet).

L'HONNEUR DE LA FAMILLE

Par G. de la Landelle. — 2 vol. (complet).

AVENTURES DU PRINCE DE GALLES

Par Léon Gozlan. — 5 vol. (complet).

LA PRINCESSE PALATINE

Par la comtesse Dash. — 3 vol. (complet).

LE TUEUR DE TIGRES

Par Paul Féval. — 2 vol. (complet).

LE COUREUR DES BOIS

Par Gabriel Ferry. — 7 vol. (complet).

TROIS REINES

Par X.-B. Saintine. — 2 vol. (complet).

LES GRANDS JOURS D'AUVERGNE

Par Paul Duplessis. — 9 vol. (complet).

Le Neuf de Pique

Par la comtesse Dash. — 6 vol. (complet).

Fontainebleau. — Imp. de E. Jacquin.